프랑크푸르트 하늘 아래

프랑크푸르트 하늘 아래

손규태의 독일생활 경험기 —————

손규태 지음

동연

독일에서 생활한 지 35년이나 지난 오늘 왜 이런 글을 써야 하는가?
나는 이미 1988년에 독일에서 한국으로 돌아와 대학에서 가르치다
가 2005년에 은퇴하고 지금은 삶의 마지막 단계에서 병마와 투쟁
하면서 지낸다.

　귀국 당시부터 나는 한국의 제반 현실들 특히 정치·경제·사회
현실들을 둘러싸고 벌어지는 사태에 대해서 많은 논란에 직면했다.
물론 1987년 민주화 이후 김대중 정부나 노무현 정부가 들어서면
서 인권 침해와 반민주적 관행들은 많이 줄어들었다. 하지만 민중
들의 삶은 실질적으로 나아지지 못했다. 그런데 2007년 이후 한나
라당의 이명박·박근혜 정부가 들어서면서 한국이 얼마나 모순으로
가득 찬 사회인가를 다시 발견하고 절망하곤 했다. 그런데다 한나
라당의 박근혜는 최순실 등 비선실세의 국정 농단과 국정 난맥과

거기에 저항하는 촛불 집회로 통치 불능에 빠지면서 탄핵을 당하고 영어의 몸이 되었다.

기사회생한 자유한국당은 아직도 과거를 반성하지 못한 채 자한당, 미래당, 공화당 등으로 분열하며 낡은 이데올로기의 껍질을 뒤집어쓰고 서로 극우 정당임을 경쟁하고 있다. 그들은 또한 국회를 장기간 내동댕이친 채 국민의 세금인 세비는 꼭꼭 받아 챙기면서 장외투쟁, 야외투쟁을 일삼고 대다수 국민들이 납득할 수 없는 억지 논리를 내세우면서 정치를 그야말로 아수라장阿修羅場으로 만들고 있다.

그동안 나는 친구들이나 후배들 등 여러 사람과 한국의 현실을 놓고 대화를 나누면서 가끔 독일 유학 시절 경험을 털어놓았다. 이야기를 듣던 그들은 흥미를 보이며 가능하면 그것들을 문서로 남겨서 다른 사람들에게도 전하면 좋겠다고 권했다. 그래서 나는 독일에서의 유학 생활과 직업인으로서 생활에서 경험한 것들 그리고 아이들을 교육하면서 경험한 것들을 여기에 기록으로 남겨 본다. 우리나라의 미래를 새롭고 합리적으로 전망하고 설계하려는 후학들에게 조금이라도 참고가 되었으면 한다.

나는 독일 생활 13년 동안 부동산 투기, 교육대란 같은 말을 들어 본 적이 없다. SKY 대학이니 특목고니 자립형사립고니 하는 말도 들어 본 적 없다. 심지어 과외학원과 같은 타락한 자본주의가 만들어낸 가장 왜곡된 경쟁 형태의 돈벌이 수단도 들어 보지 못했다. 치맛바람이니 족집게 과외니 특수 과외니 하는 말들도 들어 본 적

없다.

　부동산 문제와 교육 문제를 우리 가족이 한국에서 겪었다면 우리는 지금 정신병원에 앉아 있을 것이라고 생각한다. 오죽했으면 독일에서 중고등학교를 다니다가 돌아와서 한국 학교를 다니다가 자살한 아이들이 많이 있을까. 그렇다고 이러한 개인 경험이 우리의 정치 현실을 바꾸리라고는 크게 기대하지 않는다. 우리의 일상 생활이 새롭게 되는 데 조금이라고 참조가 되기를 바랄 뿐이다.

　독일이란 사회를 도대체 어떻게 규정하면 좋을까? 독일이란 나라를 필자는 두 가지로 정의하고자 한다. 첫째는 '준병영 사회準兵營社會', 둘째는 '준수도원 사회準修道院社會'가 그것이다.

　'준병영 사회'란 거의 모든 사소한 것까지도 법과 제도로 규정되어 있다는 말이다. 저녁 7시 반이 되면 초등학생부터 대학생까지 부모들이 지내는 거실에서 자기 방으로 들어가 자거나 아니면 잠자리를 준비해야 한다. 부모들이 있는 거실이나 집 밖으로 나와서 돌아다니거나 놀지 못한다. 저녁 8시가 지나면 거리에서 아이들을 볼 수 없다. 그리고 본문에서도 언급했지만 부유한 가정이나 덜 부유한 가정이나 정부기관에서 정해 준 용돈만을 아이들에게 준다.

　다음으로 '준수도원 사회'란 일반적으로 독일인들이 절제하며 검소하게 생활한다는 의미다. 의식주에서 독일인이 가장 중요시하는 것은 주택이다. 주택은 튼튼한 석재나 목재로 오래 가게 짓고 산다. 독일 집은 튼튼하기로 유명하다. 식생활에서 독일인들은 가난하거나 부유하고나 아침과 저녁에는 '농부 빵Bauernbrot'에다 잼이나 얇게 썬 소시지를 얹어 커피나 차를 마시면서 먹는다. 단지 점심 식사만은 요리한 음식을 먹는다. 의생활에서 독일인들은 꽤나 비싼 양복 한 벌을 준비해 두고는 결혼식이나 장례식 같은 공적 행사에 입고 나가고 일상생활에서는 작업복으로 살아간다. 그들은 작은 규율들도 철저히 지키기에 사회적 갈등이 거의 없다. 종교개혁자 마르틴 루터의 생활윤리가 내면화되었기에 독일 사회가 유지되는 것은 아닐까 생각한다.

마지막으로, 경험담을 쓰면서 만났던 인물들의 실명을 사용했다. 가명을 썼다면 생동감도 없고 재미도 없을 것 같아 실명을 사용했다. 좀더 실감나게 하고자 한 것이다. 어느 정도 인물들에 대해 부정적 경험들을 말했다 해도 악의는 없다. 양해를 구한다. 우리는 모두 약한 인간들이 아닌가?(물론 몇몇 부정적으로 표현한 분들에 한에서는 익명으로 처리했다.)

나는 인생의 마지막 길 요양병원에서 이 글을 마감한다. 26년 동안 하던 투석이 마지막 단계에 이른 것 같다. 일본의 저명한 소설가로 '침묵'이란 글로 세계적으로 유명해진 엔도 슈사쿠遠藤周作(1923년 3월 27일~1996년 9월 29일)의 종교는 천주교이다. 세례명은 바오로다. 그는 어린 시절을 아버지의 일터인 만주에서 보냈다. 귀국한 뒤인 12세 때에 그는 백모의 영향으로 가톨릭 세례를 받고 소설가로 크게 활동하며 『깊은 강』, 『신은 어디에 있는가?』 등 다수의 글들을 썼다.

엔도 슈사쿠, 그도 말년에 3년이라는 긴 세월을 요양병원에서 투석을 하면서 고통스러운 삶을 살다가 마지막에는 두 시간 간격으로 한 번씩 투석을 하다가 세상을 떠났다. 그러면서도 그는 '존재하는 것은 매순간 의미가 있다'는 말을 남기고 갔다고 한다. 그 고통 중에도 어떤 의미가 있었을까?

　요양병원에 대해서 한마디 하자면, 지금도 요양병원에는 고통스럽게 삶의 마지막을 기다리는 환자들과 가족들이 수백만이나 있다. 스위스나 네덜란드처럼 한국에서도 존엄사가 속히 법제화되어서 인간다운 죽음을 맞이할 권리가 주어져야 한다. 다음으로 이 고통스러운 마지막 삶을 동반해 주는 사람들이 대부분 중국에서 온 동포들이다. 우리 사회의 직업들 가운데 가장 열악하고 원치 않는 일들을 묵묵히 맡아서 수고해 주는 그들에게 머리 숙여 감사를 드린다.

2019년 7월 20일
손규태

출 판 에
부 쳐

나의 남편 손규태 교수는 2019년 6월 요양병원에 입원했습니다. 그리고 3개월 후 9월 9일에 소천했습니다. 요양병원에 입원하고 한 달가량 되었을 때 그는 마치 주변 상황을 부인하듯이 컴퓨터에 매달려 이 독일 유학 회고록을 쓰기 시작했습니다. 생의 마지막을 느끼면서 제일 즐거웠던 시절을 소환하는 작업인 듯했습니다.

27년간 투석 생활을 한 그의 몸은 이제는 심장과 폐에 물이 차고, 모세혈관 파열로 발등이 부어올라서 판막까지 인공판막으로 시술을 한 심장전문의도 더 이상 손을 쓸 수가 없다고 포기한 상태였습니다. 먼저 투석이 안 되기 시작했습니다. 혈압이 낮아져 투석 도중에 그만두어야 하니 인공심장실의 주치의도 포기하며 심장내과에 가보라고 밀어냈습니다.

그동안 여러 고비를 넘었지만 우리는 이제는 마지막 단계에 온 것 같다는 느낌을, 서로 말을 섞지는 않았지만, 각오하기 시작했습니다. 걷기가 불안하고 운전을 할 수 없었으니 투석을 하루건너 해야 하는데 그것이 불가능해졌습니다. 그래서 요양병원에 우선 입원한 것입니다.

독일 유학 회고록을 모두 쓴 뒤 그는 삶을 끝낼 준비를 시작했습니다. 투석 환자는 일주일에 세 번 투석을 하지 않으면 목숨이 위태로워집니다. 요독이 온몸에 퍼져서 의식을 잃고 죽음에 이르게 되기 때문에 투석은 생명 연장 치료에 들어가는 것입니다.

나는 일본의 소설가 엔도 슈사쿠도 생의 마지막까지 투석하면서 고통에도 주님의 뜻이 있다고 썼다며 투석 중단은 만류했습니다. 그러면서도 이게 얼마나 잔인한 말인가 생각했지요. 불면증과 통증에 시달리며 마지막엔 두 시간에 한 번씩 해야 하는 투석 생활을 하라는 것은 고문과 같고 치유의 희망이 없는 삶이기 때문입니다.

마침내 저도 각오하기 시작했습니다. 8월 중순경이었는데 독일에 있는 두 아이에게 전화로 의논하니 심장내과 전문의인 아들도 가정의인 딸도 아빠의 결정에 따르겠다며 아빠를 돕기 위해서 휴가를 맡아 오겠다고 약속했습니다. 드디어 두 아이가 도착하자 남편은 9월 2일 투석을 중지했습니다. 치료 중지를 한사코 반대하던 주치의도 두 아이와 의논하더니 받아들이고 우리를 도와주기 시작했습니다.

일인실에서 간병인을 두고 두 아이와 매일 다니며 상태를 살폈습니다. 호스피스 병동은 있으나 암환자만이 들어갈 수 있다는 규정 때문에 우리는 일반 병실에서 아이들의 처방하는 약으로 도왔는데 독일에도 이런 존엄사의 경우가 많으며 집에서 떠나기를 바라는 환자를 위해서 호스피스 전문의와 간호사들이 집으로 왕진을 오는 제도가 있다고 했습니다.

남편은 우리나라에서도 존엄사가 법제화되어야 한다며 환자들의 고통스러운 삶을 연장하며 수입이나 생각하는 복지제도의 맹점을 공격하면서 화를 냈습니다.

사흘이 지난 날 저녁 남편은 아이들에게 중국 칭타오 맥주를 사오라고 부탁했습니다. 물도 마시지 않고 곡기도 끊은 날들이었는데 독일식 맥주 맛이 그리웠던 것 같습니다. 우리 네 식구는 종이컵에 칭타오 맥주를 따라 이별의 잔을 높이 들고 미소로 서로를 쳐다보며 이별 파티를 가졌습니다. 우리는 아무도 눈물을 흘리거나 격정을 느끼거나 하지 않았습니다. 우리는 담담하게 운명을 받아들였고, 아들도 아빠는 그만하면 참 오랜 시간을 잘 인내하며 견디셨다고 위로의 말을 했습니다.

27년간 투석을 하면서 남편은 큰 수술도 여러 번 했고, 일 년에 서너 번 입원하는 것이 다반사였습니다. 그런 가운데서도 무슨 의지력인지 책을 번역하고 논문을 쓰는 일은 절대로 그만두지 않았습니다. 요양병원에서 죽음을 예측하고 계획하면서도 이 독일 유학 회고록을 쓸 정도이니 아마도 하늘나라에 가서도 글을 쓰고 있을 것 같습니다.

투석을 중지하고 꼭 일주일이 되던 9월 9일 12시에 그는 딸이

조정하는 통증주사를 맞으며 평안히 눈을 감았습니다. 일주일 동안 딸은 꼭 옆에 앉아서 아빠를 살피며 통증에서 해방되게 노력해 왔습니다. 그 침착한 딸의 도움이 없었더라면 남편과 나는 존엄사의 준엄한 과정을 아마도 건너지 못했을 것입니다.

이제 1주기를 맞이하며 남편이 마지막 남긴 회고록이 고맙게도 도서출판 동연의 김영호 사장님이 출판을 맡아서 책으로 나오게 됐습니다. 남편의 제자들이 웃으면서 "교수님에게는 독일이 가장 이상적인 나라지요?"라고 했듯이 기회만 있으면 독일의 정치, 경제, 법률적 우수성을 설명하고, 기라성 같은 신학자들을 소개하던 남편은 분단된 우리나라가 독일처럼 되어 가기를 간절히 희망하고 있었습니다. 부디 이 회고록을 읽는 분들이 앞으로 남편의 희망을 이어나가 주시기를 바랍니다.

2020년 9월 2일
아내 김윤옥

14

차 례

제2부 무심한 부모, 잘 자라 준 아이들 — 아이들 교육에 대해

제3부 프랑크푸르트 하늘 아래 — 라인마인 한인 교회 목회

부록 하이델베르크 대학에서의 학문 연구

제1부

독일로 떠나 적응하기까지

하이델베르크 시절과 가족과의 합류

신원 조회에 걸려 늦어진 출국

1970년대에는 외국으로 여행하거나 유학을 떠나는 일이 쉽지 않았다. 무엇보다도 여권을 발급받는 일이 까다롭고 복잡했다. 20여 가지 첨부 서류를 만들어야 했는데 심지어 세금납부증명서와 군복무증명서도 제출해야 했다. 그중에서도 제일 까다로운 것은 당시 중앙정보부가 발행하는 소위 '신원 조회'라는 절차였다. 경찰서를 통해서 신원조회 신청서를 제출하면 일차로 경찰이 일반적 신원 조회를 하고 나서 정보부로 넘겨서 신청자의 과거 활동과 사상 관계를 조사했다. 내게 특별히 의심할 만한 경력은 없었지만 당시 주변 사람들이 소위 '반정부 인사'들이 많아서 그들과의 관계 때문에 신원 조회가 빨리 떨어지지 않았다.

나는 민주화 운동의 중심 세력은 아니었고 일종의 주변 실존이랄까? 그 운동에 전적으로 동의했고 참여도 했지만 주도하거나 중심 세력에 끼어서 앞장서지는 못했다. 당시 나는 기독교계에서 민주화 운동에 앞장섰던 안병무 박사와 함께 독일 교회의 지원을 받아서 한국신학연구소를 창설하고 운영 책임자로 활동하고 있었다.

안 박사는 김재준, 서남동, 현영학, 문익환, 문동환, 이우정 등과 함께 민중신학의 창시자로서 신학연구소를 통해서 진보적 신학운동을 주도했다. 신학계에선 박정희 정권의 반대자로 널리 알려져 있었다. 그들은 재야학자들과 더불어 정치적으로는 당시 야당 지도

자인 김대중 선생을 지원하고 있었다. 이러한 진보적 신학운동의 중심축이었던 신학연구소에서 연구 책임자로 일하던 내가 개학한 지 한 달 반이나 늦게 프랑크푸르트에 도착한 것은 앞서도 잠시 언급했지만 신원 조회가 떨어지지 않아 여권을 제때 받지 못했기 때문이다. 그 이유는 간단했다.

첫째, 당시 박정희 독재정권하에서 기독교계에서 인권과 민주화 투쟁에 앞장섰던 사람들이 대부분 한국기독교장로회에 속한 목사들과 한신대학교 교수들과 학생들이었기 때문이다. 내가 일했던 한국신학연구소의 소장은 안병무 박사였는데 그는 그 운동의 중심인물이었다. 나는 다른 사람들처럼 이 운동에 열렬히 가담하지는 않았으나 그들이 주최하는 강연회나 세미나 그리고 목요기도회 같은 데 동참했다. 나는 그 운동들의 주동자는 아니었지만 동조자였고 그들과 선후배로 가까이 지냈다.

특히 한국신학연구소는 이들 운동권의 중심인사들이 만나는 장소여서 함석헌, 이문영, 문동환, 현영학, 서남동 등의 교수들이 모여서 회의도 하고 학술세미나도 열었다. 당시 서남동 교수는 프랑스의 진보적 신학자인 카살리스Casalis의 책을 구해서 읽고 토론했으며, 특히 가톨릭교회의 성명서에 나타난 민중 개념을 분석했고 '민중신학'이란 이름을 탄생시켰다. 김지하의 담시나 천성세의 소설 《낙월도落月島》를 읽고 발표한 적이 있다. 사실상 서남동 교수가 처음으로 민중신학적 문제의식을 제시하고 토론한 장소가 한국신학연구소였기에 그곳을 민중신학의 산실이라고 할 수 있다.

나는 연구소 책임간사로 이 모임들의 연락책을 맡고 자료를 준비하곤 했다. 그럴 때마다 정보부원들의 감시를 받았고 그들이 찾아와서 정보를 얻으려고 회유도 하고 협박도 했다. 그리고 그 후에 민중교회 운동이 탄생하면서 그 첫 집회 장소를 안창호기념회관에서 하려다가 경찰의 방해로 실패하여 향린교회로 가려고 하자 정보부의 방해로 그 모임을 미아리 구석 외진 곳에 있던 한빛교회로 잡게 되었던 것이다.

나는 반정부 운동과는 직접적으로 관계되어 있지는 않았지만 당시 군사 정부에서는 요주의 대상 가운데 하나로 보았는지 몇 차례 중앙정보부 사람들과 만나야 했고 호텔 같은 데서 심문도 당했다. 그들은 본회퍼에 대해서 정보부에 와서 강의를 해달라고까지 하며 회유했다. 나는 거절했다.

경찰과 정보부 요원들이 수차례 찾아와서 면담을 했고 신원조회 신청서를 내고 거의 2년이 지난 1975년 10월경 정보부에서 신원조회가 떨어졌다. 하지만 가족을 동반하는 것은 금지되었다. 이미 2년 전에 독일 교회로부터 장학금 통지서와 함께 가족 4인을 위한 비행기 표까지 받았고 내가 공부할 하이델베르크에 주택까지 마련되어 있었다. 신원 조회가 떨어지지 않아서 2년이나 기다렸는데 가족을 두고 혼자만 출국하란다. 가족을 일종의 볼모로 두고 가라는 것이었다. 당시 정부는 외국에서 반정부 활동을 하거나 외국인에게 정부를 비판하는 말을 하면 9년 이상의 징역에 처하는 법을 만들었다. 국내의 가족을 고려하게 해서 해외에서 반정부 활동을 통제해 보려는 것이었다. 나는 이러한 단독 출국 조건을 받아들이지 않고 그대로 연구소에서 일하려고도 했다. 하지만 가족들과 지인들의 권면으로 홀로 출국하기로 결심했다.

사실상 우리 가족의 여권이 나오지 않은 이유는 당시 기독교장로회 여신도회 전국 총무로 일했던 김윤옥 총무, 즉 내 아내 때문이기도 했다. 김윤옥의 사무실은 종로 5가 기독교회관 301호에 있었다. 301호실은 문익환 목사가 시로 썼듯이 당시 민주화 운동, 특히 구속자 가족들의 모임의 중심지였고 구속자들과 그 가족들을 지원하는 중심지였다.

1975년 11월 19일 출국장에는 많은 친지와 가족이 나와서 격려해 주었다. 당시는 외국에 나가는 일이 매우 힘든 때여서 한 사람이 출국하거나 입국하면 수많은 사람이 나와서 환송하고 환영해 주던 풍습이 있었다. 안병무 선생님도 불편한 몸을 이끌고 김포공항에 나와 주었다. 가족과 함께 출국하지 못하는 것이 못내 아쉬웠으나 35세의 늦깎이 유학생은 기대에 차서 김포공항을 떠났다.

일본을 거쳐 독일에 첫발을 내딛다

내가 탄 일본 도쿄행 비행기는 얼마 지나지 않아서 하네다 공항에 내렸다. 그때는 나리타 공항이 들어서기 전이라 도쿄에서 가까운 하네다 공항으로 향했던 것이다.

공항에 내리자 독일 교회 선교사로 일본에서 활동하던 파울 슈나이스Paul Schneiss 목사가 마중 나와 있었다. 그 집에 붙어 있는 동아시아 선교부Ostassien Mission에서 하룻밤 묵고 프랑크푸르트로 떠나게 되어 있었다.

이렇게 일본 비행기를 타고 도쿄를 들러서 가는 번거로운 여정을 택한 것은 항공료가 값쌌기 때문이다. 당시 한국인이 일본 항공을 이용하여 도쿄에서 하룻밤 자고 유럽으로 가는 항공료는 대한항공을 타고 유럽으로 직행하는 것보다 40% 정도가 저렴했다. 물론 그들이 공항에 있는 호텔비도 지불해 주었다. 그 반대로 일본인이 대한항공을 이용해서 서울에서 1박하고 유럽으로 가는 것도 마찬가지로 싸기 때문에 일본인들은 대한항공을 많이 이용했다. 항공사들이 서로 경쟁을 한 것이었다.

슈나이스 목사는 중국 장사將士에서 선교하던 독일 동아시아선교회 선교사의 아들로 중국에서 태어났고 아버지의 뜻을 이어 신학 공부를 하고 일본에 와서 선교사로 활동하고 있었다. 당시 중국은 공산 치하에 있어서 선교사들이 들어가 활동할 수 없었기 때문이다.

그는 오랫동안 일본에서 활동하다보니 일본인 여성인 기요코를 아내로 얻게 되었고 슬하에는 두 아들을 두었다. 1970년대 초 독일의 동아시아선교부가 선교활동을 일본에서 한국으로 확장하기로 했을 때 그는 그 개척 작업을 맡아서 한국에 와서 한국기독교장로회와 선교 협약을 체결했다. 그리고 당시 독일의 동아시아선교부의 의장이던 마인츠 대학교 신약학 교수인 페르디난트 한Ferdinand Hahn 교수와 그와 같이 독일에서 공부했던 안병무 교수 사이의 친분으로 한국신학연구소가 잉태하게 된 것이다.

동아시아선교부는 한국기독교장로회뿐만 아니라 한국신학연구소를 통해서 신학적으로 지원하기로 했다. 당시 한국신학연구소를 설립하며 지향했던 목표는 서구 신학을 한국에 소개하는 것과 서구 신학과의 대화, 현실 사회주의권과의 신학적 이데올로기적 대화 추진, 수입 신학에서 벗어나 한국의 독자적 신학 연구 등이었다. 페르디난트 한 교수와 안병무 교수는 당시 독일 하이델베르크 대학교 신학부에서 세계적으로 저명한 신약학자인 귄터 보르캄Günter Bornkamm 교수 밑에서 공부했다.

당시는 아직 냉전체제가 지배하고 있어서 대한항공이나 일본항공이나 중국과 러시아 상공을 지나지 못했다. 7시간 날아서 알래스카에서 1시간 휴식하고 다시 8시간, 그래서 거의 20시간 만에 프랑크푸르트 공항에 도착했다. 옆자리에는 이집트 무역업자가 타고 있었는데 그는 친절하게도 프랑크푸르트 공항에서 기차역까지 자기 차로 데려다 주었다.

프랑크푸르트 역에서 기차표를 샀으나 차편을 제대로 몰라 완행 기차표를 샀다. 기차는 모든 역을 다 정차하면서 더디게 달렸다. 하이델베르크 역까지 한 시간 정도면 도착하는 거리를 거의 두 시간이나 걸렸다. 11월 19일은 겨울이 한창이었다. 역 밖으로 나오니 날씨는 을씨년스러웠고 함박눈이 펑펑 쏟아지고 있었다.

퇴트 교수의 환대

차역에서 지도교수인 퇴트Tödt 교수에게 전화를 걸었다. 20페니만 넣으면 된다는 전화가 걸리자마자 끊겼다. 하이델베르크 시내에서는 돌리지 말아야 할 지역 코드까지 다 돌리니 그렇게 되었다. 퇴트 교수는 아내 일제Ilse 퇴트, 엘리자베스 슈나이스와 함께 역으로 마중을 나왔다.

슈나이스 목사의 여동생 엘리자베스는 축하한다고 나에게 커다란 꽃다발을 한아름 안겨 주었다. 잠시 역에서 이야기를 나누고 엘리자베스는 사업 관계로 먼저 사무실로 들어가고(그녀는 세무사로 일했다), 나는 퇴트 교수 내외와 하이델베르크 중앙로Hauptstrasse에 자리 잡은 중국집으로 가서 저녁을 먹었다.

그 중국집은 전에 신학 공부를 했던 대만 여학생이 독일 남편과 함께 차린 식당으로 모든 것이 잘 준비되어 있었다. 퇴트 교수가 우선 날씨도 춥고 하니 몸도 녹일 겸 축하 술을 한 잔씩 하자고 권해 작은 고량주 한 병 시켜서 식사가 나오기 전에 마셨다. 식사를 하면서 퇴트 교수는 이런저런 학교 사정을 이야기해 주었다.

식사를 마치고 나니 교수는 당장 학위 논문 제목부터 잡자고 서둘렀다. 그러나 나는 식곤증에다 비행기에서 잠도 잘 자지 못해서 피로하다고 하고 박사 학위 논문 쓰는 일은 다음에 차차 논의하자고 했다.

퇴트 교수는 나를 네카Neckar 강변에 있는 '신학연구원Theolo-
gisches Studienthaus'으로 데리고 가서 거기서 숙식을 하도록 해주
었다. 이 신학연구원은 원래 바덴 지방 교회Badische Landeskirche
의 목사 수양관인데 일부는 신학생들을 위한 기숙사로 사용하고 있
었다. 개학한 지 거의 한 달 반이 지나서 도착했기 때문에 기숙사는
얻을 수 없어서 퇴트 교수가 신학연구소 책임자에게 부탁해 방을
하나 얻어 주었던 것이다.

하이델베르크 첫 풍경

하이델베르크에 밤에 도착해서 첫 밤을 지내고 아침에 일어나 창문 너머로 펼쳐지는 풍경을 처음 보았다. 기숙사 앞에는 꽤나 큰 네카 Neckar 강이 서서히 흐르고 그 너머에 구시가지가 자리 잡고 있다. 구시가지 뒤편 산언덕에는 붉은색으로 된 돌로 쌓아 올린 거대한 성채가 반은 파괴된 채 자리 잡고 있다.

하이델베르크의 랜드 마크인 하이델베르크 성은 1214년에 완공된 독일의 유명한 유적이다. 독일의 남서부 바덴-뷔르템베르크 Baden-Würthemberg 주에 있는 도시 하이델베르크에 위치하고 있다. 웅장한 성채 아래로 구도시가 자리 잡고 있고 기숙사 바로 건너편에는 전 영주들이 길게 지은 마구간이 서 있는데 지금은 수리해서 하이델베르크 대학생들을 위한 기숙사로 사용한단다. 그 뒤로 대학교 신학부와 도서관은 중앙로 끝부분에 있었는데 강의실과 세미나실은 시내에 여기저기 흩어져 있어서 주소를 들고 찾아다녀야 했다.

나는 걸어서 강 위쪽으로 올라가 옛 다리Alte Brücke를 지나서 20분 정도면 신학부 건물과 도서관에 도착할 수 있었다. 필요한 경우 50페니를 주고 네카 강을 건네주는 나룻배를 타면 더 빨리 신학부에 도착할 수 있었다.

독일 대학들의 겨울학기는 10월 초에 이미 시작되었다. 나는 퇴트 교수가 알테 아울라Alte Aula라는 대강당에서 시작한 기독교 윤리학서론 강의에 참석하는 것으로 유학 생활을 시작했다. 마침 구약성서의 대학자였던 클라우스 베스터만Claus Westermann 교수가 은퇴하기 직전 마지막 강의를 알테 아우라에서 한다고 해서 참석했다. 거기에는 전체 신학과 교수들과 학생들이 다 참석하고 있었다. 노교수를 기리기 위해서 모든 교수가 그 시간에는 강의나 세미나를 실시하지 않고 다 함께 그의 마지막 강의에 참여한 것이다. 대신학자를 기리는 이러한 관습이 존경스러웠다.

독일 생활에 적응하는 것은 여러 면에서 쉽지 않았다. 우선 언어가 문제였다. 대학교 2학년 때부터 본격적으로 독일어를 공부했기에 책을 읽고 번역하는 일은 어느 정도 자신 있었으나 독일인들과 만나서 대화하는 것은 마음처럼 되지 않았다. 한국에서 신학이나 철학 서적들만을 읽었기 때문에 생활언어에 매우 서툴렀던 것이다. 그래서 백화점이나 상점에 가서 점원들과 대화하는 것이 힘들고 어색했다.

한국에서 공부하던 책은 1960년대 일본 사람 세기구치가 쓴『독일어교본』이었는데 이 책은 1900년대 초에 만든 책으로 거기에 예문으로 든 독일어는 거의 고어 수준이라는 것을 발견했다. 독일 학생들에게 그가 쓴 문장들을 보여주니 그런 말은 옛날에 사용한 것이고 현재는 쓰지 않는다고 했다. 이런 상황이었기에 언어생활에서 일상생활을 위한 독일어가 가장 힘들었다.

기숙사의 식사는 전형적인 독일식 식사였고 하루에 세끼를 다 제공해 주었다. 아침에는 주로 빵에다 마멜라데나 치즈 싱켄 등을

여러 가지 것을 곁들여 먹을 수 있는 음식을 제공했다. 고정적으로
나오는 빵은 농부들이 먹던 빵(바우언브로트Bauernbrot)나 혼합된
밀가루 빵(미슈브로트Mischbrot)이었고 거기에다 독일인들이 가장
좋아하는 작고 둥근 빵(브뢰첸Brötschen)이나 프랑스식 빵인 크로
와상 등이 나왔다. 빵에다 곁들일 것들은 대개는 여러 종류의 잼
(Marmelade)이나 소시지를 얇게 썬 것들(Schinken) 그리고 얇은 치
즈(Scheibe Käse) 등이 나왔다. 때로는 빵에다 고기 소스 등을 얹은
음식이 나오기도 했다. 그리고 점심에는 더운 음식으로 돼지고기나
소고기 요리에다 감자나 샐러드 등을 곁들인 것이 나왔다. 저녁에
는 아침과 거의 같은 음식을 주는데 차이가 있다면 가끔 감자로 만
든 샐러드 등이 곁들여지는 것이다.

모두가 새로운 음식이지만 나는 큰 불편은 없었다. 그래도 어쩔
수 없이 한국 음식, 특히 김치가 생각났다. 당시는 배추 같은 것을
재배하는 독일인들이 없어서 한국 광부들과 간호사들이 많이 살던
루어 지방에서 한국 사람들이 만들어서 깡통에다 넣어서 파는 배추
김치를 몇 번 사다가 먹은 적이 있다. 그리고 입맛이 없을 때에는
당시 독일 상점에서도 팔리고 있던 일본산 라면을 사다 먹으면서
음식에 대한 향수를 달래기도 했다.

기숙사 생활의 기억

기숙사에는 거의가 신학을 공부하는 학생들이 살았기 때문에 여러 모로 그들의 도움을 받을 수 있었다. 그중에서도 얼마 동안 세계교회협의회에서 청년 활동과 관련된 부서에 근무했던 페터 쉐어한스 Peter Scherhans는 정말 가까이서 많은 것을 도와주었다. 그는 심지어 백화점에 가서 물건을 사는 일부터 시작해서 내가 숙제하는 일까지 도와주었다. 그리고 크리스천 켈러라는 학생도 많은 도움을 주었다. 우리 셋은 늘 붙어 다니며 멘자(학생식당)에 가서 식사도 하고 영화를 보러 가기도 했다. 시간이 나면 하이델베르크 근처에 있는 유적지나 유원지 그리고 숲길을 산책하기도 했다.

　독일에서 기숙사 생활은 그런대로 적응할 수 있었다. 방은 작았지만 독방이어서 타인의 방해를 받지 않아서 좋았다. 독일 기숙사 생활은 한국과는 판이하게 달랐다. 우선 남자 기숙사나 여자 기숙사가 따로 없고 남자나 여자나 모두 한 기숙사에서 생활했다. 따라서 방 배치도 남녀 구별이 없기 때문에 내 옆방 한 쪽에는 여학생이 다른 쪽에는 남학생이 살고 있었다. 주말이면 남학생 방에는 친구 혹은 애인인 여학생이 찾아와서 같이 지냈고 그 반대로 여학생에게는 남학생이 찾아와서 자고 갔다. 성적으로 개방되어 있고 또 애인들이나 동거인들 사이에는 이렇게 같이 지내는 것이 독일 사회에서는 일상화되어 있었다. 그래서 그들이 남학생이나 여학생을 부를 때 내 친구(mein Freund 혹은 meine Freundin)라고 하면 곧 동거하는 사람이란 뜻이다. 따라서 내 친구를 한국식으로 이해해서는 안되고 진짜 한국에서 말하는 친구란 곧 내가 아는 사람(mein Bekannte 혹은 meine Bekanntin) 정도를 말한다.

내 방은 3층 샤워장 앞에 있었는데 샤워하는 일이 여간 곤혹스러운 것이 아니었다. 샤워장은 남녀 공용이고 칸막이도 문이 달려있지 않은 군대식이어서 샤워 도중에 들고 나는 사람들이 다 볼 수있게 되어 있었다. 나는 샤워하러 들어갔다가 여학생들이 샤워를하면 다른 칸에서 샤워를 하지 못하고 그대로 돌아 나온 적이 한두번이 아니었다. 그리고 여학생들은 샤워하러 올 때는 자기 방에서옷을 다 벗고 수건만 들고 덜렁덜렁 긴 복도를 걸어서 샤워장으로온다. 나는 방에서 나오다가 여러 번 그들과 마주치고는 당황했지만 그들은 당당하고 태연했다.

그 난감함을 피하려고 나는 밤 10시가 넘어서 그들이 샤워하지않는 시간에 샤워를 하곤 했다. 그런데 하루는 기숙사 책임자가 나를 부르더니 밤 10시가 넘어서 샤워하지 말라고 부탁한다. 독일에서는 법적으로 밤 10시가 넘으면 공동주택에서는 샤워나 목욕을 해서 이웃에게 소음 피해를 주어서는 안 된다는 것이었다.

요즘 한국에서도 공동주택의 층간 소음 문제로 주민들 사이에다툼이 심하고 최근에는 살인까지 저지르는 일이 있다. 독일에서는층간 소음 문제도 법으로 규제하여 윗집에 사는 사람은 소음 방지를위한 두꺼운 카펫을 의무적으로 깔도록 되어 있다. 그리고 낮 12시부터 2시까지는 휴식시간이므로 공동주택에서는 피아노를 치는 것과 같은 악기 연주나 성악 연습을 할 수 없게 되어 있다. 또한 밤 9시부터는 일체의 피아노나 성악 연습을 법으로 금하고 있다. 물론 법으로 정해진 시간 외에도 이웃에게 피해를 주는 소음을 내서는 안된다.

이렇게 독일인들은 이웃들 사이의 평화로운 삶을 위해서 거의 모든 필요한 법적 장치, 말하자면 시스템을 철저하게 마련하여 이웃 간에 불필요한 갈등이나 충돌을 피하도록 하고 있다.

대학의 첫 강의와 세미나

이미 학기가 시작되어서 도착한 나는 다른 교수들의 강의나 세미나에는 들어가지 않았고 지도교수의 강의와 세미나에만 참석했다. 내 지도교수인 퇴트는 강의를 항상 알테 아울라Alte Aula에서만 했다. 이 알테 아우라는 하이델베르크 대학교의 중심이고 상징적 건물이라고 할 수 있는데 굉장히 오래된 고색창연한 건축물로 큰 홀 안에는 궁전과 같이 천정에 많은 그림이 그려져 있고 약 3천 명이 들어갈 수 있다. 대학교의 큰 행사나 저명한 초청교수의 강연회 같은 것이 여기서 열렸다. 그 학기에 퇴트 교수는 '개신교 윤리사상역사'라는 주제로 강의를 했다. 강의에는 학생 400명 정도가 참석했는데 조교가 입구에서 인쇄된 강의 내용을 나누어 주었다. 그래서 어떤 학생들은 강의에는 참석하지 않고 그 강의록만 받아서 가기도 했다.

학생들 앞에서 읽는다는 의미를 가진 '강의Vorlesung'는 독일 말 그대로 인쇄된 강의록을 교수가 학생들 앞에서 읽어 나가는 방식이었다. 독일에는 '아카데믹 15분Akademisches Viertel'이라는 암묵적 제도가 있어서 교수는 언제나 정해진 시간보다 15분 늦게 강의를 시작한다. 교수가 정시에 도착해서도 15분 동안 기다렸다 강의를 시작했다. 퇴트 교수는 세 시간짜리 강의라면 1시간 15분을 강의하고 다시 15분 쉰다. 그리고 1시간 15분 동안 강의한다. 15분 동안 쉬는 시간에는 교수가 엄격히 쉬기만 하기 때문에 학생들이 찾아가

질문을 해도 절대 받지 않는다.

퇴트 교수가 진행한 '개신교 윤리사상역사'는 종교개혁자 마르틴 루터로부터 시작해서 여러 명의 종교개혁자의 신학과 윤리사상을 간결하게 정리하고 나서 다시 정통주의 시대와 경건주의 시대의 신학자들의 윤리사상을 다루고 나서 소위 자유주의신학자들과 변증법적 신학자들의 신학과 윤리사상을 다루는 것으로서 그 다음 학기에도 계속되었다. 내가 1998년에 대한기독교서회에서 발간해서 문화관광부에서 그해 우수도서로 선정되어 저작상을 받은 바 있는 『개신교윤리사상사』도 지도교수인 퇴트 교수의 강의에서 영감을 받았고 그 강의록이 크게 참고가 되었다.

그리고 그 다음 학기에는 다시 지도교수인 퇴트가 주관하는 세미나에만 참가했다. 퇴트 교수는 몇 차례의 만남과 대화를 통해서 나의 연구 경력을 살피고 나서는 더 이상 다른 학부 강의나 세미나에 들어갈 필요 없이 빨리 박사 논문을 쓰고 한국으로 돌아갈 것을 권했다. 당시 내 나이가 이미 35세로 유학을 하기에는 좀 늦은 감이 있었기 때문이다. 그래서 그 다음 학기는 퇴트의 '진보사상과 종말론Progressive Gedanke und Eschatologie'이란 세미나에만 참석했다. 이 세미나에는 자연과학과 역사학 그리고 철학과 교수들도 초청되었고, 퇴크 교수의 조수로 일하던 볼프강 후버Wolfgang Huber (그는 후에 퇴트의 후임으로 하이델베르크 대학에서 가르치다가 독일 통일 이후에는 베를린-브란덴부르크 지방 교회의 주교가 되었다), 한스 로이터 Hans Reuter와 같은 후에 교수가 된 이들 다수와 대학교수 자격 논문이나 박사 학위 논문을 쓰는 학생들만 참가할 수 있었다. 당시 아프리카 탄자니아 출신의 루터교 총회장이었던 쉰 살이 넘은 외국인 학생도 한 명이 참가했다. 그리고 요르단 베이루트 대학의 두 교수가 매주 비행기를 타고 독일로 와서 이 세미나에 참석했다.

세미나는 주로 지도교수의 조교로 있으면서 '독일개신교평화연구소'의 책임연구원으로 있던 볼프강 후버가 이끌어 갔다. 지도교수는 세미나가 끝날 때쯤 약간의 신학적 논평을 했다. 자연과학자들과 철학자들 그리고 역사가들이 매우 열렬히 세미나에 참여하여 의견을 개진했으며 거기에서 많은 것을 배울 수 있었다.

스위스 바젤로 떠난 여행

1975년 성탄절이 가까워오자 대학은 방학을 했다. 독일에서 처음 맞는 크리스마스 방학은 12월 중순이면 시작되었다. 나는 그동안 밀렸던 책들을 읽으면서 기숙사에서 지내려 했는데 바젤에 있는 베르너 비더Werner Bieder 교수가 두 주간쯤 자기 집에 와서 성탄절을 같이 지내자고 초청했다. 비더 교수는 내가 한국신학대학의 학생과에 근무하면서 석사 학위를 할 때 그의 아내와 함께 한국에 와서 1년 동안 선교학 강의를 했던 교수이다.

　나는 그날 기차를 타고 바젤에 도착하여 비더 교수를 역에서 만나서 그의 집으로 갔다. 그는 며칠 동안 바젤 시내와 그 근처를 구경시켜 주었다. 나는 바젤 성당도 둘러보고 또 바젤 근처 높은 산에 올라서 바젤 시내를 내려다보기도 했다. 바젤 시내에서 인상적인 건물은 붉은색을 칠한 한 호텔인데 거기에는 나폴레옹도 와서 머물렀다고 한다.

　하루는 얀 밀릭 로흐만Jan Milic Lochmann 교수의 초청을 받아 그 집에서 담소를 나누면서 즐거운 식사를 하기도 했다. 그는 체코 출신의 개혁교 계통의 신학자로 사회주의권의 저명한 신학자 로마드카의 제자이며 따라서 그는 현실 사회주의에서 신학과 교회의 문제들을 주로 다루었다. 나는 그의 책『그리스도냐 프로매디우스냐? ― 그리스도교와 맑시스트 사이의 대화의 핵심문제와 그리스도론』

(*Christus oder Prometheus? Die Kernfrage des christlich-marxistischen Dialogs und die Christologie.* Furche, Hamburg 1972)이란 소책자를 번역해 대한기독교서회에서 출간한 바 있었다. 개혁교회(장로교) 전통에 서 있는 그는 위르겐 몰트만과 함께 서구 세계의 핵무장에 대한 반대 입장을 분명히 함으로써 루터교회의 어정쩡한 태도를 비판하기도 했다.

당시 바젤에서 얻은 수확은 전부터 잘 알고 지내던 변선환 박사를 만난 일이다. 그는 철학을 공부하는 부인과 같이 유학을 와서 프리츠 부리Fritz Buri 교수 밑에서 불교와 기독교 사상을 비교 연구하는 논문을 쓰는 중이었다. 나는 변선환 박사와 만나서 차를 마시고 전철을 타고 시외로 나가 바람을 쐬면서 지내기로 했다. 전철을 타고 한 시간 정도 가는 중에 변 박사는 내가 《기독교사상》에 쓴 "평화는 삶의 조건이다"라는 글을 읽었다고 하면서 앞으로도 좋은 글들을 많이 쓰라고 했다. 그는 내가 독일에서 돌아와 성공회대학에서 일할 때 여러 번 감리교신학대학교에 초청해서 강연할 수 있는 기회를 주었다. 그는 나를 '글쟁이'라고 부르면서 열심히 글을 쓰라고 권했다. 나중에 내 아내를 만나서도 "손 박사는 글쟁이니까 글을 쓸 수 있도록 잘 도와주시라"는 말을 했다고 들었다.

우리가 탄 전철은 시외로 나가서 마침내 종점인 바젤 공동묘지에 도착했다. 바젤의 공동묘지는 정말 잘 정리되어 있었다. 공동묘지라기보다는 공원 같아서 산책하고 독서하며 쉬는 사람들이 많았다. 그런데 변 박사는 철학자 칼 야스퍼스Karl Jaspers와 칼 바르트

Karl Barth의 묘지를 보여주기 위해 나를 거기에 데려간 것이었다.

책으로만 읽던 위대한 철학자 야스퍼스의 무덤을 참배하니 감개가 무량했다. 그리고 더욱 특이했던 것은 칼 바르트와 그의 아내 묘지가 나란히 묻혀 있고 그 앞에 벽에는 이들 두 사람의 이름과 함께 태어난 날과 죽은 날이 적혀 있는데 묘지 위에는 바르트 평생의 여비서였던 키르쉬바움Krischbaum이라는 이름이 새겨진 나무로 된 서판이 놓여 있었다. 그 여비서는 일생 동안 바르트가 한 강의들과 방대한 『교회 교의학Kirchliche Dogmatik』을 직접 받아쓰고 교정해서 출판한 것으로 유명하다. 그래서인지 그녀가 죽은 다음 바르트 부부가 잠든 묘지에 그녀도 같이 묻어 주었다는 것이다. 참으로 아름다운 인연이 아닐 수 없다.

나는 비더 집에 두 주일 동안 머무는 동안 많은 환대를 받았다. 비더 부인은 감자 요리를 잘했는데 그 감자 요리가 정말 맛있다고 칭찬했더니 거의 매일 감자 요리를 먹었던 기억이 난다. 크리스마스 날에는 비더 교수의 아들 가족이 찾아왔다. 그에게는 딸도 있었으나 딸은 프랑스에 살고 있어서 성탄절에 오지 못했다. 비더 교수의 아들은 스위스 군대의 장성으로 지내다가 제대하고 지금은 취리히에서 살고 있다고 했다.

비더 교수의 아들은 한국 학생이 와 있다는 소식을 듣고는 자기 집에 간직해 두었던 작은 사진첩을 가지고 와서 나에게 보여주었다. 거기에는 얼마 전에 스위스와 한국에서 그와 한국인들이 같이 찍은 다수의 사진들이 들어 있었는데 거기에는 박정희와 그 밖에 군 장성들과 대령들이 찍혀 있었다. 당시 한국에서 박정희가 예비군을 만들면서 스위스의 강력한 예비군 체제를 본받기 위해 군 장성들을 스위스에 보냈고 비더 장군이 한국을 방문했을 때는 박정희와도 사진을 찍었던 것이다. 나도 예비군 훈련을 받았었지만 그것이 스위스 모델을 참작해서 만든 것을 처음 거기서 알게 되었다.

스위스는 거의 전 국민을 예비군으로 강력하게 조직했다. 그래서 히틀러도 스위스를 침공할 엄두를 감히 못 냈다고 한다. 스위스의 모든 가정에는 총과 탄약은 물론 전투에 필요한 모든 물건을 지하실 같은 곳에 비치하고 있다. 칼 바르트 같은 60대의 신학자들도 예비군 훈련에 참가한 사진을 본 기억이 난다. 그리고 스위스는 작은 나라지만 소형 첨단무기들, 예를 들면 군대에서 쓰는 망원경 같은 것들을 엄청나게 수출한다는 이야기도 들었다.

독일의 새해맞이 행사(Silvester Tag)

성탄절을 바젤에서 보내고 하이델베르크로 돌아와서 몇 날을 지내니 곧 새해가 돌아왔다. 12월 31일이 되니 학생들은 모두 들떠서 이방 저방에 모여서 새해맞이 준비를 하느라고 야단법석이었다. 나도 라디오를 켜 놓으니 거의 12시가 가까워 오자 베토벤의 9번 합창 교향곡이 흘러나왔다. "모든 사람은 그대의 부드러운 날개가 머무는 곳에서 형제가 되리라Alle Menschen werden Brüder, wo Dein sanfte Flügel weilt"로 시작하는 합창이 유난히 마음의 감동을 불러일으켰다. 이 교향곡 9번을 1990년 10월 9일, 동서독이 통일되던 날 베를린교향악단이 연주했고 독일인들이 기쁨과 감격에 차서 환희하던 것이 기억이 난다.

나는 기숙사 방에 홀로 앉아 장엄한 합창교향곡을 들으면서 고향에 두고 온 아내와 자식들을 생각했다. 그런데 12시가 되기 전부터 여기저기서 쏘아 올리던 불꽃들이 12시가 되자 한꺼번에 쏘아 올리자 나는 깜짝 놀랐다. 그렇게 많은 불꽃을 한꺼번에 가까이서 쏘아 올리는 것은 보는 것은 처음이었기 때문이다. 독일인들은 불꽃의 요란한 소음과 라디오에서 나오는 교향곡 9번의 합창과 시끄러운 샴페인 터뜨리는 소리들이 묘하게 어울리는 가운데 새해를 맞이하는 것이다. 이런 소란 가운데 홀로 방에 앉아서 고독한 가운데 새해를 맞아 보기는 처음이었다.

그 다음날 아침에 지도교수인 퇴트 교수는 기숙사를 찾아와 같이 아침 식사를 하면서 어제 저녁 홀로 지내는데 초청하지 못해서 미안하다고 했다. 사실상 자기도 큰 집에서 홀로 새해를 맞이했다고 했다. 그는 거대한 하이델베르크 성 뒤편에 있는 꽤나 큰 집에 살고 있었는데 그 집은 영주의 하인들 가운데 꽤나 높은 지위에 있던 사람이 살던 저택이라고 했다. 그의 아내가 하노버에 살던 귀족의 딸이어서 많은 유산을 받았기 때문에 성과 같은 그 집을 샀지만 하노버에 사는 장모님이 거동이 불편해서 그의 아내가 가서 보살펴주어야 하기 때문에 자기도 5년 전부터는 홀아비 신세를 면치 못하고 있다고 했다.

그의 아내 일제 퇴트Ilse Tödt는 귀족 딸의 풍채를 갖추고 있었다. 나이가 60이 넘었지만 옛날 한국의 처녀들처럼 머리를 따서 길게 늘어뜨리고 품격 있는 옷차림을 하고 하이델베르크 시내를 걸어다니는 모습을 보면 꼭 귀족집 마나님 같이 보였다. 퇴트 교수는 이렇게 홀로 지냈기 때문에 세미나가 끝나면 거의 언제나 학교 앞 빵집에 들러서 빵과 치즈 그리고 마멜라데(잼) 같은 것을 사가지고 언덕을 올라 자기 집으로 향하곤 했다.

제1회 본회퍼학회 국제학술대회 참가

새해 아침 기숙사로 찾아온 퇴트 교수는 하이델베르크 대학교 입학과 함께 박사후보생Doktorant으로 나를 등록해 놓았다고 한다. 나는 독일 대학에 입학하기 위해서는 독일어 입학시험을 치르고 나서 일정 기간 공부를 하다가 교수가 학위 논문 예비작업Vorarbeit 논문을 제출하게 하고 그것이 통과되고 나서야 논문 주제를 정하고 본격적으로 논문에 들어가는 것으로 알고 있었다. 그러나 퇴트 교수는 나의 학력과 경력, 기타 독일 책들을 한국어로 번역한 성과 등을 자세히 검토하고 나서 대학교 교무처에 나를 자기 밑에서 박사 학위를 쓸 학생으로 결정했다는 것을 통보해 놓았다. 독일은 미국이나 다른 나라들과 달리 대학교육에서 교수의 권위가 일반 행정 절차 위에 있어서 그 학문적 권위가 대단했다. 그래서 나는 모든 학생이 다 보아야 하는 독일어 어학시험이나 학위 등록을 위한 모든 절차를 생략하게 되었다.

그는 내가 독일에 도착한 다음 날 바로 당장 학위 논문 주제를 자리에서 정하고 의논하자면서 한국의 본회퍼 수용과 그의 신학적 영향에 대해서 쓰면 어떻겠느냐고 제안했었다. 마침 퇴트 교수 밑에서 일본 목사인 스즈키鈴木正三 목사가 본회퍼의 일본 수용에 관한 박사 논문을 거의 마쳐 가고 있었다. 퇴트 교수는 당시 독일 본회퍼학회 회장으로 본회퍼의 신학이 아시아에서 어떻게 이해되고 수용되며 영향을 끼치는가를 알고 싶어 했다. 사실상 본회퍼의 삶과 신학은 1960년대 말 1970년대 초부터 일본보다는 한국에서 민주화 운동과 반독재 투쟁에서 젊은 학생들과 목사들, 청년들, 특히 진보적인 신학생들에게 커다란 영감을 주었다. 나는 대체로 그 방향으로 주제를 정해 보자고 하고 일단 헤어졌다.

그리고 1월 초에 스위스 제네바에서 열리는 제1회 본회퍼학회 국제학술대회에 같이 참석하기로 약속했다. 그런데 퇴트 교수는 나에게 "한국의 본회퍼 수용과 그 영향"이라는 주제로 약 35분 정도 발표를 하라고 제안했다. 당시에 받아들이기는 했지만 생각해 보니 매우 당황스러웠다. 나는 1973년도에 본회퍼의 윤리학을 한국어로 번역했고, 본회퍼의 국가론 등을 《기독교사상》이라는 잡지에 발표하기로 했다. 하지만 본회퍼학회는 전 세계에서 내로라하는 대신학자들, 특히 본회퍼 연구가들 150여 명 이상이 모이는 자리가 아닌가? 거기에다 주제 강연을 저명한 철학자 칼 프리드리히 폰 바이체커Karl Friedrich von Weizaecker가 맡았다. 당시 참석자들은 세계적 석학들인 본회퍼 연구가들이었다.

나는 급히 한국에 연락해서 아내에게 본회퍼 연구가들의 책들과 논문들을 보내게 했다. 박봉랑 박사의 방대한 본회퍼 연구서도 함께 도착했다. 많은 자료가 왔으나 별로 도움이 되지 않아서 내 나름대로 논문을 작성해서 기숙사에서 친하게 지내던 피터 셰어한스 Peter Scherhans에게 부탁해서 독일어 교정을 마쳤다. 거의 두 주간을 이 일을 준비하는 데 사용했다.

퇴트 부부와 함께 스위스 제네바로 떠났고 세계교회협의회 빌딩의 세미나 장소에 도착하니 서양 학자들만 있고 일본이나 아프리카 참가들은 하나도 없었다. 유색인종 참가자는 나뿐이었다. 곧이어 2시부터 본회퍼학술대회가 시작되고 철학자 바이체커가 주제 강연을 시작했다. 바이체커의 강연은 거의 알아들을 수 없었고 분반토론에서나 가끔 주제에 대한 내용이 귀에 들어왔다.

이틀 후 오후 시간에 내 차례가 돌아왔다. 나는 한국의 본회퍼 소개와 함께 그가 독재정권하에서 투쟁하는 젊은 성직자들과 청년 학생들에게 영감과 용기를 주고 있다는 것을 말했다. 발표가 끝나자 우레와 같은 박수가 터져 나왔다. 당시로서는 내가 처음 받아 보는 환호와 박수였다. 박수가 잦아들고 남미에서 온 해방신학자들 가운데 본회퍼 연구가들이 질문공세를 폈다. 그들의 독일어 발음도 그랬지만 빠른 말투 때문에 잘 알아듣지 못해 진땀을 흘리며 겨우 내 시간을 마쳤다. 모두들 찾아와서 칭찬을 아끼지 않았고 퇴트 교수 부부도 대단히 만족해했다.

본회퍼 국제세미나 기간 동안에 WCC의 박상증 목사 댁을 방문하여 이선애 선생도 처음 만나게 되었고 즐거운 저녁 식사 후에 포도주 등으로 회포를 푸는 시간을 가졌다. 그리고 눈밭을 걸어서 보세이로 문희석 박사를 만나러 가서 하룻밤 회포를 풀었다. 그는 보수적인 신학대학교 교수라 포도주도 마시지 않아서 한국에서 그에게 보내 준 상당히 양의 마른오징어를 밤새도록 씹으면서 이야기하다가 잠들었다.

당시 보세이에는 제3세계에서 온 많은 신학자들과 목사들이 연수를 받고 있었는데 내가 찾아갔을 때는 잠시 방학 중이어서 한국에서 온 목사들은 집에 다녀온다고 귀국했다고 했다. 거기에 남아 있는 사람들은 대개 남미와 아프리카 그리고 인도와 동남아 국가들의 목사들로 그들은 돈이 없어서 고향에 다녀오지 못하고 그대로 남아서 지내고 있었다. 그들은 돈이 많아서 고향에도 다녀오고 때로는 그들을 시내에 있는 식당 같은 데 초청해서 식사 대접을 해주는 한국 교회 목사들을 부러워한다고 했다.

명동사건과 하이델베르크 대학에서의 활동

1976년 4월 봄 학기가 시작되어 하이델베르크 대학교 신학부에서는 대학교의 대강당Alte Aula에서 저명인사 초청강연회를 열었다. 이때 강사로 온 사람은 베를린의 주교였던 쿠르트 샤프Kurt Scharf였다. 그는 신학부 교수들과 학생들을 상대로 "교회는 신학대학에 무엇을 기대하는가?"라는 주제로 강연했다. 이 강연에는 교수들 모두와 학생 약 700명이 참석했다. 강연이 끝나자 교수들과 많은 학생들이 주교에게 질문을 했고 그는 성실하게 대답했다.

그 당시 한국에서 이른바 '명동사건'이라는 시국사건이 터졌고 하이델베르크 대학 출신인 안병무 교수 등 다수의 민주 인사들이 체포되었다는 소식이 들려왔다. 나는 몇몇 교수와 학생들과 힘을 모아 안병무 박사 석방운동을 전개하기로 하고 이 강연 시간을 이용하기로 했다. 우선 성명서를 만들어서 독일말로 번역해 독일 교수들과 학생들에게 한국의 정치적·종교적 상황을 알리고 안 박사의 석방을 위한 서명을 받기로 했다.

샤프 주교 강연 다음에 구약학 교수이자 『구약의 인간학』이란 책을 써서 유명해진 한스 발터 볼프Hans Walter Wolf 교수가 나서서 서명운동에 동참할 것을 호소하기로 했다. 볼프 교수는 주제 강연 뒤이어 강단에 올라가 약 10분 동안 한국 상황을 설명하고 서명 용지를 나누어 주어서 거기 참석한 거의 모든 사람이 서명했다.

당시 연구조교로 있으면서 역사로서의 계시학파Offenbarung als Geschichte에 속해서 연구하고 가르치던 울리히 빌켄스Ulrich Wilckens도 함부르크의 주교로 가면서 그곳에서 약 2,000명의 서명을 모아서 하이델베르크로 보냈다. 빌켄스는 후에 신약 성서를 새롭게 번역하고 주석하여 출판해 크게 명성을 얻기도 했다. 우리는 약 5,000명이 서명한 문서를 한국 정부에 보내서 안병무 박사의 석방을 탄원했다.

쿠르트 샤프 주교는 독일 나치 시대에도 히틀러에 저항하여 엄청난 고통을 당했다. 특히 감옥에 갇혀 있던 히틀러의 죄수(히틀러의 허락 없이는 석방될 수 없는 정치범)인 마르틴 니묄러Martin Niemöller 목사를 찾아가 위로하고 성만찬을 베풀었던 용기 있는 목사였다. 나는 아내와 함께 베를린으로 찾아가 그와 만나서 한국의 정치와 교회 현실을 설명하고 그의 지원을 구한 적이 있다. 이 샤프 주교는 1980년대 아카데미 사건이 터졌을 땐가 반박정희운동을 하다가 체포된 이우재(의원)를 친히 찾아와 면회하고, 한국 정부에 그의 석방을 요구한 바 있다.

당시 한국 정부는 샤프 주교가 이우재를 만나러 서울에 도착했으나 면회 허가를 하지 않고 노주교가 비행기를 타고 독일로 떠나자마자 갑자기 면회 허가를 내주었다. 그것은 히틀러도 허락했던 샤프 주교의 면회를 한국 정부가 불허했다는 국제적 비난을 면하기 위한 것이었다. 그 사실을 비행기 안에서 알게 된 샤프 주교는 프랑크푸르트 공항에 내리자마자 비행기 표를 사서 다시 서울로 출발했다. 나중에 들은 이야기지만, 한국 정부가 예기치 않은 사태에 당황하여 이우재를 감옥에서 나오게 하고 이발과 목욕을 시키고 새로운 양복과 구두까지 마련하여 샤프 주교의 면회에 대비했다고 한다. 이 노주교가 그렇게 빨리 다시 돌아올 것이라고는 생각도 못 하고 꼼수를 부린 것이었다. 이러한 웃지 못할 코미디가 독일 사회와 교회에 널리 퍼져서 한국 정부는 개망신을 당했던 것이다.

팔츠 지방 교회 선교대회 참관기

1976년도에 있었던 한국의 독재정권과 교회의 민주화 투쟁과 관련된 일화 하나를 더 소개한다. 당시 독일 교회들은 한국의 독재 상황과 한국 교회의 인권과 민주화 투쟁에 대해서 깊은 관심을 갖고 기도하며 물심양면으로 지원을 아끼지 않았다. 나는 독일에 도착한 지 1년도 채 되기 전에 독일의 팔츠Pfalz 지방 교회에서 선교와 에큐메니칼 담당목사였던 에른스트 루스트Ernst Rust가 주최하는 선교대회에 초청을 받았다. 그는 이전에 아프리카의 선교사로 활동하던 분으로 란다우Landau란 곳에서 목회를 하면서 지방 교회의 선교부서에서 협동목사로 활동하고 있었다.

루스트 목사는 하이델베르크에서 60Km나 떨어진 곳에서 와서 나를 데리고 100Km가 넘게 떨어진 대회장으로 향했다. 500여 명이 모이는 이 선교대회의 주제는 "고난 받는 한국의 그리스도인들"이었다. 이 대회의 주제 강사는 헤센나사우 지방 교회의 부총회장으로 일했던 프리드리히Friedrich 목사였다. 그는 히틀러 당시 고백교회 일원으로 교회 투쟁에 열심히 참가했던 진보적 목사였다. 그는 1974년 한국 기독교장로회의 초청으로 한국을 방문하여 총회에서 강연을 했고 또 한국신학연구소와 안병무 소장을 방문했다. 나는 안병무 박사 댁에서 당시 김재준, 함석헌, 장준하 선생 등 저명한 민주화 운동 투사들과 함께 간담회를 가진 적도 있어서 그와는 구면

이었다.

　루스트 목사는 차를 타고 가면서 그동안 준비하면서 있었던 일화를 나에게 소개했다. 선교대회 준비위원회는 한국 교회를 주제로 삼았기 때문에 당시 팔츠 지방 교회에서 목회하던 김철현 목사를 설교자로 초청하기로 했고 그는 기꺼이 설교를 맡았다. 김철현 목사는 원래 한국의 장로교 고려파 출신으로 하이델베르크 대학교에서 박사 학위를 하고 독일인 여성과 결혼한 다음 그 지방 교회의 목사로 일하고 있었다. 그런데 선교대회가 열리기 이틀 전에 갑자기 그는 설교하는 것을 취소해버렸다. 이러한 중요한 행사에서 설교 맡은 것을 이렇게 갑자기 취소하는 것은 독일에서는 상식적으로 있을 수 없는 일이었다. 이러한 갑작스런 취소에 당황한 선교대회 준비위원회는 허겁지겁 다른 사람으로 설교자를 대치하느라고 소란이 일어났다.

　선교대회가 시작되고 아까 소개한 헤센나사우 지방 교회의 프리드리히 부총회장이 한국의 정치 상황과 그리스도인들의 투쟁을 소개하면서 강연을 마쳤다. 그런데 갑자기 500여 명이 넘는 청중 가운데 한국 사람 하나가 손을 들고 일어나서 발언할 기회를 달라고 소리쳤다. 그는 다른 사람이 아니라 김철현 목사였다. 나는 그를 거기서 처음 보았다. 그는 프리드리히 목사의 한국에 대한 강연을 반박하면서 "한국에는 민주주의가 잘 실현되고 있어서 인권 침해는 존재하지 않고 특히 그리스도인들의 민주화 투쟁은 없다"라고 선언했다. 한국인 목사가 일어나서 강연 내용을 전면적으로 반박하자 당황한 프리드리히 목사는 이렇게 말했다. "지금 이 자리에 한국에서 최근에 온 손규태 목사가 참석하고 있으니 그에게 물어봅시다." 나는 자리에서 일어나 강단으로 올라가서 간단하게 이렇게 대답했다. "프리드리히 목사의 강연 내용은 사실입니다. 김철현 목사가 한국 현실을 모르고 한 말입니다." 내 말을 듣고 장내에서는 갑자기 박수가 터져 나왔다. 그리고 웅성거리기 시작했다. 그러자 프리드리히 목사는 "감사합니다. 여러분 아셨지요. 감사합니다" 하고 강단을 내려갔다. 김철현 목사는 자리에서 일어나서 성급히 밖으로 나갔다.

그러고 나서 사람들은 그 자리에서 나누어주는 간단한 식사인 말하자면 녹두죽에다가 가끔 복부어스트라는 연한 소시지를 썰어 넣은 아인톱Eintopf으로 점심을 먹었다. 독일 사회민주당 전당대회에서도 그렇게 아인톱이라는 죽 같은 것을 한 그릇 회의장 자리에서 간단히 먹고 회의를 계속했다. 한국에서처럼 일은 제대로 안 하면서 먹는 것은 꼭 정식定食으로 하지 않는다. 독일은 일은 정식으로 하고 먹는 것은 소시지 몇 점 들어간 콩죽 한 그릇을 회의장 자리에서 머고 나서 시간을 아껴서 회의를 계속한다.

점심시간 중에 그리고 그 후에 많은 독일인 목사와 평신도가 나를 찾아와 인사를 나누고 격려해 주었다. 아마도 그들은 과거에 독일에서 히틀러 정권하에서 당했던 인권 침해와 독일의 교회 투쟁을 연상하고 있는 듯했다. 어디론가 사라졌던 김철현 목사도 나에게 와서 인사를 건넸지만 언짢은 표정이었다.

울름(Ulm) 시 600주년 기념행사

1970년대 당시는 한국의 독재정권하에서 그리스도인들의 인권과 민주화 투쟁이 전 독일에 잘 알려져 있던 터라 여기저기서 많은 강연 초청이 들어왔다. 앞서도 기록한 대로 이미 몇몇 군데서 온 초청에 응하기도 했지만 모든 초청에 일일이 응하기란 준비 과정이나 오고가는 데 너무나 많은 시간과 노력을 필요로 했다. 그리고 독일에서 공부를 시작한 지 얼마 되지 않았기 때문에 독일어 실력이 약해서 강연을 준비하고 연설하는 데 아직 큰 어려움을 겪어야 했다.

가능한 한 아주 중요하거나 불가피한 것이 아니면 초청을 대개는 거절하려고 했다. 그런데 독일 남부지방에 있는 바덴뷔르템베르크 지방 교회에 속한 대도시인 울름(Ulm)의 600주년 기념행사 초청은 거절할 수가 없었다. 그 기념식에서 모은 돈을 한국의 민주화운동과 산업선교 운동에 기부하기로 했다는 것이다. 나는 이틀 동안이나 힘들여 준비한 원고를 들고 울름을 향해 기차에 올랐다.

이 도시는 슈투트가르트와 아우크스부르크 사이에 있는 도시로 하이델베르크에서는 기차로 두 시간 정도 거리에 있다. 기념행사는 대성당에서 열리는데 독일에서 제일 높은 종탑을 가진 거대한 고딕식 건물이었다. 당시 베를린 필하모닉의 지휘자였던 카라얀이 이곳 출신이며 젊은 시절에는 이 대성당의 지휘자로 활동했다고 했다.

2,000여 명이 참석한 가운데 기념예배가 시작되었고 주교의 설

교와 시장의 기념사가 있은 다음 그 도시를 위해서 공헌한 사람들에 대한 표창 순서가 이어졌다. 그리고 거의 마지막에 가서 기념사업회가 모금한 돈 약 100만 마르크를 한국 교회를 위해서 전달하는 행사가 있었다. 나는 한국 교회를 대표해서 간단히 인사를 전하고 헌금에 대한 감사 말씀과 더불어 한국 상항과 그리스도인들의 투쟁을 소개하고 연설을 마쳤다.

공식 행사가 끝나고 기념 파티가 교회 앞 드넓은 광장에서 열렸다. 커피와 음료수, 케이크가 제공되었다. 나는 거기서 주교와 시장과 인사를 나누고 한국에 대한 질문들에 답하고 나서 그곳 지방신문 기자들과 교회신문 기자들과 인터뷰를 했다.

거기에서 모금된 돈은 나중에 그곳에서 파견된 대표단에 의해서 한국기독교장로회에 전달되었다. 그리고 한국기독교장로회가 그 돈을 어디에 쓸 것인가를 결정하여 통보해 주기로 했다는 말을 들었다. 당시 기장 총무인 박재봉 목사는 그 돈을 산업선교 센터를 위해서 쓰겠다고 독일로 편지를 보내고 나서는 2년이 넘도록 그 일을 추진하지 않았다. 그래서 울름에서는 몇 차례 하이델베르크에 있는 나에게 문의전화를 해와 참 곤란했던 기억이 있다.

내가 보고 느낀 바로는, 한국 교회와 독일 교회와의 관계에서 가장 큰 어려움은 양측 간의 원활한 관계 유지를 위해서 필요한 조치들을 한국 교회에서 매우 등한히 하거나 무시한 것이다. 독일 교회 측은 상당히 곤란한 처지에 떨어지게 되고 동시에 그것으로 인해 한국 교회도 여러 면에서 손해를 보게 된다.

한국의 현실에 대한 세미나들

내가 하이델베르크 대학에 있는 동안 한국의 정치 현실에 대한 세미나가 두 번 있었다. 한 번은 당시 독일의 민주화 운동 단체인 민주사회건설협회 주최로 바덴뷔르템베르크 주의 도시인 칼스루헤Karls-ruhe에서 열린 것이고 한 번은 보쿰Bocum의 에큐메니칼 장학회 책임자가 주관한 것이었다.

칼스루헤에서 열렸던 세미나에는 연세대학교 교육대학 교수로 있었던 오인탁 박사와 장학회에서 참가했다. 세미나 내용은 당시 한국에서 벌어지는 박정희 독재정권의 (특히 마산 공업단지 안의) 노동자들에 대한 인권 탄압과 민주화 운동에 대한 억압에 관한 보고와 함께 여기에 대처하기 위한 해외 활동 등에 관한 것이었다.

다음으로는 보쿰Boccum에 있는 에큐메니칼 장학회가 주최한 세미나에도 참가한 적이 있다. 이때도 오인탁 박사의 차를 타고 같이 참석했는데 이번에는 60여 명이 참석했다. 그들 가운데는 잘 알려진 인사로 음악가 윤이상과 이승만 정권 때 유엔대사였던 임창영이란 사람도 있었다. 그때 나는 초면인 그들과 이야기를 나누기도 했다. 임창영 씨는 박정희가 군사쿠데타를 일으키고 난 다음 자기에게 어떤 연락이라도 올 줄 알았는데 아무런 연락도 없이 다른 사람을 자기 자리에 임명해서 화가 나서 박정희 반대운동을 하기 시작했다고 말했다. 나는 임창영 씨가 만일 박정희에게 어떤 높은 자리를 제안받았더라면 흔쾌히 박정희를 지지할 수 있는 사람이라는 생각이 들었다. 자기에게 자리를 주지 않았기 때문에 박정희 반대운동에 가담한 것을 인권 운동이고 민주화 운동이라고 말할 수 있을까 하는 생각을 했다.

그때의 세미나에서 발표되고 토론된 내용들은 거의 기억에서 사라졌지만 특이한 것은 참가자 중 한 사람이 참가한 사람들 하나하나를 증명사진이나 찍듯이 사진기에 담는 것이었다. 어떤 사람은 그 사람을 중앙정보부 프락치라고도 하고 다른 사람은 북한의 프락치라고도 했다. 세미나 첫날 저녁 식사로 그릴에 구운 독일 소시지를 나누어 먹었다. 세미나 하우스 앞 넓은 마당에서 불을 두 군데로 나눠 피우고 소시지를 구워 맥주를 곁들여 저녁을 먹었다.

하이델베르크 대학교회와의 인연

주일이 되면 우리는 대학교회의 예배에 참석했다. 대학교회는 한국처럼 대학 캠퍼스 안에 있지 않고 대학 근처에 있는 일반 교회 하나를 대학교회로 정해서 사용했다. 이 대학교회의 목사들은 대학이 고용한 직원이 아니라 그 지방 교회가 고용해서 대학의 교수들과 직원들, 학생들을 대상으로 목회하도록 하는 것이다. 목회 사무실은 교회와는 멀리 떨어진 네카Nechkar 강변에 있는 4층짜리 건물이었다.

그 건물은 원래 일반 가정집이었으나 대학교회가 사서 사무실로 사용하고 있었다. 그 집은 오래전에 하이델베르크 대학의 사회학 교수였던 막스 베버Max Weber와 종교학 교수였던 에른스트 트뢸치Ernst Troeltsch가 살았던 집으로 유명하다. 그들은 그 건물의 아래 위층에 살며 한 사람은 사회학 다른 한 사람은 종교학을 공부하면서 공동연구를 진행하여 사회학자 베버는 종교사회학을 발전시켰고 종교학자 트뢸치는 종교와 사회의 관계를 연구하였다.

대학교회의 목사는 두 명이었는데 한 사람은 독일 학생들을 다른 한 사람은 수많은 외국 유학생을 돌보는 일을 했다. 내가 그곳에 있을 때는 루터교 출신의 남자 목사와 신학과 사회복지를 전공한 여자 목사가 근무하고 있었다. 남자 목사는 다소 보수적이어서 학생들의 신망이 적었고 여자 목사는 너무 과격해서 교회 본부의 불신을 받고 있었다.

1968년부터 시작된 미국과 유럽의 학생혁명의 파도가 1975년까지도 아직 완전히 식어들지 않아서 대학의 여러 건물의 벽들은 온통 스프레이로 휘갈겨 쓴 학생들의 구호로 도배질 당하다시피 했다. 학생교회 사무실은 항상 학생들이 모여 토론하고 데모를 준비하는 장소의 중심이었다. 내가 살던 기숙사에도 플래카드를 그리는 학생들로 거의 매일 가득했다.

한번은 하이델베르크 시내를 달리는 전철이 운임을 올리자 급진적인 기독교 학생들 집단이 전철을 세우고 밀어 넘어뜨려서 경찰에 체포되거나 고발당한 일이 있었다. 대학교회 목사들은 그들을 법적으로나 경제적으로 지원하는 데 정신이 없었다. 이 사건이 있고 나서 그 전철전복 행동을 측면 지원했던 급진적인 여자 목사는 교단 본부와의 갈등으로 결국은 사임하게 되었다.

그러던 중 학생들과 학생 목사들의 제안으로 하룻저녁 '한국의 밤' 프로그램을 갖기로 했다. 나는 당시 한국의 박정희 독재와 정치 상황을 소개하고 거기에 맞서서 투쟁하는 인사들과 프로그램을 슬라이드로 소개했다. 나는 그때 독일로 가지고 갔던 한국의 민주인사들, 함석헌, 김재준, 안병무 등 신학자들과 노동 현장 및 데모하는 장면들을 소개했다. 이러한 프로그램을 진행하고 나서 루터파 학생 목사는 교회 본부에 나를 학생 목사로 추천했다. 내가 외국인이기 때문에 약 3,000명에 달하는 하이델베르크 대학 외국 유학생들을 돌보는 데 좋은 역할을 할 것이라고 했다. 나는 이미 여러 경로를 통해서 교회 본부의 에큐메니칼 담당자와 잘 알고 지냈으므로 그도 목회담당자에게 나를 추천하여 목사직을 맡도록 나에게 부탁해 왔다. 유학 온 지 채 2년도 되지 않았고 아직은 그런 직무를 맡기에는 부족한 점이 있었다. 하지만 칼스루헤 지방 교회 본부에서 책임자와 면접을 하고 나서 공부와 직장을 겸해 볼 생각으로 그 제안을 수락했다.

그런데 퇴트 교수는 그 제안에 결사반대했다. 3만여 명의 독일 학생을 돌보는 것보다 3,000여 명의 외국인 학생을 돌보는 게 더 힘들고 어렵다는 것이다. 그 말은 사실이었다. 세계 방방곡곡에서 온 다양한 외국 유학생들 가운데 특히 중동이나 아프리카에서 온 다수 학생이 범죄에 휘말려서 감옥에 있었고 또 그들은 경제적 · 심리적 어려움으로 많은 돌봄을 필요로 했다. 퇴트 교수는 칼스루헤에 있는 교회 본부에 전화를 걸어 담당자에게 자기가 반대하는 이유를 한 시간 넘게 설명했다. 나 또한 그 직무가 만만치 않다는 것을 깨닫고 이내 포기했다.

가족의 출국길이 열리다

나는 하이델베르크에서 아내와 떨어져 지내는 몇 달 동안 거의 매일 같이 아내와 아이들에게 편지를 썼다. 아마 그때 주고받은 편지가 대략 400통 정도는 되지 않을까. 헤어져 지내는 동안에 다시 한 번 아내와 나 사이의 사랑을 확인했고 그때의 그리움을 떠올리면서 지금까지도 사랑의 끈을 놓지 않고 살고 있다.

그렇게 지내고 있는데 1976년 4월 초에 아내에게서 출국할 수 있게 될 것 같다는 편지가 왔다. 당시 서울에서는 독일개신교협의회Evangelische Kirche in Deutschland에 속한 외무국Aussenamt과 해외 선교단체들로 구성된 독일 대표단과 한국교회협의회(KNCC) 사이에 1년에 한 번씩 번갈아 열리는 협의회가 열리게 되었다. 당시 독일 교회 외무국 대표로 있던 요하힘 헬트Joachim Held 박사를 단장으로 한 독일 대표가 서울을 방문하여 5일 동안 수유리에 있는 크리스천 아카데미 하우스에서 선교협의회를 갖게 되었다. 그때 박정희 독재정권은 해외 특히 독일과 독일 교회에 의해서 많은 비판을 받고 있던 터라 이 협의회에 참석한 독일 대표단을 청와대로 초청하는 일이 있었다. 이때 헬트 박사와 슈나이스 목사 등 10여 명의 참석자가 박정희에게 아내 김윤옥의 출국 청원서를 제출했다.

어쨌든 이 독일 교회 대표들이 내 아내를 위해 박정희에게 낸 탄원서가 효력을 발휘하여 갑자기 신원 조회가 떨어지고 여권이 발급

되어 아내는 그해 5월 말에 독일로 출국하게 되었다. 그런데 이런 갑작스런 출국은 나에게는 즐거운 일이지만 동시에 해결해야 할 문제가 생겼다. 아내와 아이들과 같이 살 집을 단시간 내에 구해야 했다. 파울 슈나이스 목사의 여동생인 엘리자베스의 집에는 방이 여러 개가 있어서 내가 하이델베르크에 오면 그 집에서 살기로 이미 오래전부터 약속했다. 그러나 내가 1년 반 이상을 출국하지 못하자 집을 더 오래 비워 둘 수 없어서 다른 사람에게 세를 준 것이다. 엘리자베스는 우리에게 그 집을 거의 무상으로 대여하려고 했었다. 그녀는 집을 여러 채 가지고 있었으며 세무사로 돈벌이도 잘 되어서 그의 오빠 파울이 일하는 동아시아 선교단에 많은 선교기금을 헌납하던 위치에 있었기 때문이다.

나는 신문에 공고를 낸 집들을 얻기 위해서 며칠 동안 전화를 걸었으나 값이 적당한 집들은 이미 다른 사람들이 차지하여 얻기가 힘들었다. 특히 외국인이 더듬거리는 독일어로 집을 구한다는 것은 불가능한 일이었다. 그래서 지도교수와 다른 교수들의 조교들을 동원해서 며칠간 노력을 했으나 막상 계약을 하려고 집을 찾아가면 외국인이라는 것을 알고는 집이 나갔다고 하면서 거절했다. 독일에서도 은근히 외국인에 대한 차별이 존재하는 것을 알게 되었다.

월셋집 계약과 독일의 복지 혜택

아내와 아이들이 며칠 뒤면 도착한다. 나는 급한 김에 지겔하우젠 Ziegelhausen이라는 동네에 있는 집을 계약했다. 월세는 당시 내가 받던 장학금 1,000마르크를 생각하면 650마르크로 매우 비쌌다. 건물도 큰길가 언덕바지에 있어서 자동차 소음이 이만저만 아니었다. 그 집이 비었던 이유가 있었던 것이다. 하지만 급한 나머지 그 집을 얻기로 하고 계약을 체결했다.

이 계약은 매우 무모한 모험이었다. 왜냐하면 내가 받는 장학금이 1,000마르크인데 집값으로 650마르크를 지불하고 나면 350마르크로 한 달을 살아야 했기 때문이다. 당시 1,000마르크는 요즘 우리 돈으로 계산하면 약 140만 원 정도 되는데 그중에서 집세로 75~80만 원을 지불하고 50만 원 정도로 한 달을 살아야 했다.

당시 독일 교회가 주는 장학금은 다소 모순적이었다. 왜냐하면 독신에게는 800마르크를 지불했고 가족에게는 1,000마르크를 지불했기 때문이다. 독신인 경우 기숙사비는 대개 100~150마르크 했고 따라서 나머지 650마르크가량으로 생활하는 것은 가능했다. 그러나 가족이 있는 학생들은 방이 세 개는 있어야 했기 때문에 방값만 대개 500마르크가 넘었고, 나머지 500마르크로 한 달을 살기란 매우 힘들었다.

내가 기숙사에서 지겔하우젠으로 이사한 지 닷새도 안 돼서 아내와 아이들은 프랑크푸르트 공항에 도착했다. 칼스루헤에서 열렸던 한일 세미나에서 알고 친하게 지내던 공광덕 박사가 차로 공항까지 같이 나가 가족을 맞이해서 무사히 하이델베르크 집까지 태워다 주었다. 참 고마운 일이다. 공광덕 씨는 오스트리아 잘츠부르크 대학에서 정치학을 공부하다가 동백림 사건에 연루되어 한국으로 잡혀와 징역을 살다가 독일의 뤼비케 대통령 방한을 계기로 석방되었다. 그의 아내 조병옥 씨는 이화대학교 음대를 졸업하고 거기서 가르치다가 옥살이를 하고 풀려난 공광덕 씨와 알게 되어 결혼했다.

잠시 동백림 사건을 언급해야겠다. 동백림 사건은 1967년 7월 8일, 중앙정보부가 조작한 간첩단 사건이다. 당시 중앙정보부는 독일과 프랑스에 살던 194명에 이르는 유학생과 교민을 동베를린의 북한 대사관과 평양을 드나들며 간첩 교육을 받았다는 혐의로 한꺼번에 전세 비행기로 납치해 왔다. 당시 서독은 강력한 항의와 함께 주한 서독 대사를 소환하고 납치당한 자들의 전원 석방을 요구했다. 그런 노력 덕에 사형이나 징역형에 처해졌던 사람들을 1970년에 모두 석방됐다.

이사한 후 거의 1년이 지나서 하루는 주인집 아들 위르겐Jürgen과 이야기를 나누다가 독일에는 아동보조수당Kindergeld과 주택보조금을 받을 수 있다는 걸 알았다. 위르겐은 함께 시청 사회과로 가자고 했다. 우리는 그런 복지제도가 없는 사회에서 살았기 때문에 상상도 못 할 일이었다. 시청 사회과 직원은 우리가 매월 장학금 1,000마르크를 받는다는 것을 확인하고 또 그동안 아동수당도 전

드디어 그리운 가족과 상봉했다.

혀 받지 않은 것을 확인하고는 아동수당 1년 치(첫째는 매월 50마르
크, 둘째부터는 매월 100마르크)인 1,800마르크 그리고 장학금 1,000
마르크에 비해서 월세 650마르크는 너무 비싸다고 보아 매달 주택
보조비 450마르크 첫 1년 치 못 받은 것 4,500마르크를 곧바로 지
급해 주었다. 갑자기 4,500+1,800마르크 해서 6,500마르크가 생
긴 것이다. 복지국가의 혜택이라는 것이 이런 것이구나 하는 생각
이 들었다.

케이퍼 자동차 이야기

독일에서 주택보조비와 아동수당을 받게 된 후 서울 연세대학교에서 연구하던 도로데아 직히Dorothea Sich 박사가 독일 하이델베르크에 왔다. 그녀는 연세대학교 외래교수로 있으면서 강화도를 중심으로, 한국에서만 알려진 병 냉증冷症에 대해서 연구했고 그 논문은 후에 하이델베르크 의과대학에서 교수자격논문Habilitation으로 받아들여졌다. 논문 발표 시간에 나도 아내와 같이 참석했는데 그녀의 안병무 박사와의 친분으로 안 박사의 박사 논문 지도교수였던 권터 보른캄Günther Bornkamm 교수도 참석했다.

우리 부부는 전혀 알아들을 수 없었지만 끝까지 앉아 있다가 이탈리아 음식점에 가서 피자와 맥주를 마시면서 즐거운 한때를 보냈다. 그 후 보른캄 교수가 제자의 제자인 우리 부부를 자기 집에 초청하고 혼자 살면서도 정갈한 저녁 식탁을 차려 놓고는 내 뒤로 돌아와서 호텔에서 서비스하듯이 포도주를 따라 주던 것이 기억에 남는다. 나는 안병무 박사의 지도교수에게서 최고의 예의로 대접을 받은 것을 기억하면서 내가 대학에서 가르치면 그처럼 처신해야겠다고 결심했다.

그런데 직히 박사가 한국에서 연구하는 동안 자기가 타던 케이퍼Käfer 국민차를 우리 가족에게 선물하겠다는 것이었다. 케이퍼는 히틀러의 명령으로 모든 독일 '국민이 탈 수 있는 차'(Volkswagen)

최초로 만들었던 모델이다. 도로데아는 그 자동차를 하이델베르크 기차역 주차장에 두고 가니 빨리 가져가라고 연락을 했다. 기차역 주차장의 주차비는 매우 비쌌다. 며칠이 지나자 조바심이 생겼으나 내가 아직 면허증을 따는 중이어서 차를 운전해서 가져올 수 없었다. 그래서 우리는 저녁을 먹고 나서 기차역으로 가서 비싼 주차비를 지불하고 무면허로 그 차를 몰고 약 10여Km 떨어진 우리 집이 있는 지겔하우젠으로 향했다. 면허시험은 아직 보지 못했지만 운전 실습을 여러 시간 했기 때문에 차를 운전할 수는 있었다.

주차장에서 차를 빼 네카 강을 따라 차를 몰고 가다가 신호등 앞에 정차하고 기다리는데 아내가 탄 오른쪽에 경찰이 차를 대고 나란히 서서 우리에게 손을 흔들었다. 우리의 무면허 운전을 적발하고 내리라는 표식으로 생각하고 어떻게 대처할까 생각하고 있는데 마침 파란 신호등이 켜졌다. 경찰들은 먼저 출발하면서 또 우리에게 손을 흔들었다. 그 후에 안 일이지만 운전자들이 나란히 신호등 앞에서 대기할 때 서로 눈이 마주치면 독일인들은 인사를 하고 손을 흔들었다.

우리는 지겔하우젠을 향해서 가다가 아까 너무 놀란 나머지 큰 길로 가지 않고 풀밭으로 되어 있는 샛길을 따라서 동네를 빙빙 돌아서 간신히 집에 도착하고 한숨을 내쉬었다. 그러다 자지 않고 기다리던 아이들에게 들켜서 민망했던 기억이 난다. 불법 운전을 아이들에게 보여준 것이다.

나는 운전면허증을 따고는 그 차를 타고 하이델베르크 근처의

가족들과 쾰른 대성당을 방문했다.

고성들과 유적지들을 시간만 나면 가족들과 같이 구경 다녔다. 유
학 생활에서 차도 생기고 하니 그때가 가장 즐거운 시절이었던 것
같다.

유학생들 사이에 침투한 중앙정보요원

지겔하우젠에서 약 1년 2개월 동안 살았다. 그런데 우리 집 근처에 경상도 대구 출신의 독문학을 공부한다는 양○○라는 20대 말의 젊은 유학생 부부가 살았다. 그는 학생 신분에 맞지 않게 고급 자동차를 타고 다녔는데 공부에는 관심이 없고 늘 한국 학생들을 찾아다니거나 그들이 이사할 때 자기 자동차로 짐도 날라 주곤 하면서 학생들과 친분을 쌓아 갔다. 그래서 학생들 사이에서는 칭찬도 자자했지만 어떤 학생들은 놀기만 하는 그를 비판하기도 했다. 나중에 드러난 일이지만 그는 동백림 사건 이후 한국 중앙정보부가 유럽 특히 독일의 각 대학에서 한국 학생들을 감시하기 위해서 파견한 위장유학생이었다. 그가 중앙정보부 요원이라는 소문이 있었지만 확실히 알게 된 것은 우연한 기회였다.

아내와 아이들이 1976년 4월에 독일로 올 때 우연히 아내 옆자리에 앉았던 한 부인이 자기 집이 부자라는 것을 자랑했다. 대구에 사는 그녀는 하이델베르크에서 공부하는 아들을 만나러 간다고 했다. 그녀는 다소 친해지자 아내에게 진실을 털어놓았다. 사실 자기 아들은 원래 중앙정보부에 다니는데 거기서 독일로 유학을 보내줘서 하이델베르크에서 위장공부를 하고 있다는 것이었다. 마침 양도 공항에 나와서 간단한 인사를 나누고 헤어졌다.

그런데 아내가 도착한 지 약 1주일 정도 지나서 양이 우리 집을 찾아와서는 이런저런 이야기를 하다가 자기 어머니가 독일을 방문 중인데 한 번 모시고 와서 인사하겠다고 제안했다. 그러고 나서 며칠 뒤 양은 우리 집에 어머니와 같이 나타났다. 아내는 깜짝 놀랐다. 왜냐하면 자세히 보니 그녀는 비행기 옆자리에 앉아서 같이 온 부인이었기 때문이다. 그래서 양이라는 유학생이 정부 파견요원이라는 것을 확인하게 되었다.

사실상 양은 아내가 오기 전에도 한두 번 우리 집에 나타났고 그는 늘 내가 가지고 있는 책들을 유심히 살폈다. 그때는 유학생으로서 상대방의 연구에 대한 관심이려니 했지만 알고 보니 그게 아니었다. 내가 어떤 불순한 사상을 담은 책을 소지하고 있지나 않나 해서 그는 서가를 열심히 살폈던 것이다.

그런데 어느 날 오후 늦게까지 우리 아이들이 집에 돌아오지 않아서 걱정하고 있었다. 저녁 6시가 넘어서 집에 돌아온 아이들은 양의 집에서 놀다 왔다고 했다. 양이 그의 집에서 11살, 12살짜리 아이들에게 우리 부부에 대해서 많은 것을 물어봤다고 했다. 한국에서 무슨 일들을 했으며 독일에서 가까이 지내는 사람들은 누구인가 등등. 우리는 깜짝 놀랐다. 어린아이들에게까지 정보부 요원이 이런 짓을 하다니. 우리는 그동안 아이들에게 한국의 정치적 상황이나 양이라는 사람이 중앙정보부 요원으로 우리를 감시하고 있다는 이야기를 하지 않았지만 그때는 할 수 없이 모든 것을 말해 주었다. 아이들은 큰 충격을 받았고 울면서 다시는 양의 집에 가지 않겠다고 다짐했다.

나는 칼스루헤의 친한 독일 목사인 슈타우트Helmut Staudt에게 이 사정을 말했다. 그는 자신이 목회하는 교회 등록교인 중에 독일 연방검찰총장이 있는데 그와 상의해 보겠다고 했다. 독일에서는 중요한 기관들의 본부들이 각 지방에 흩어져 있었는데 연방검찰청과 연방헌법재판소가 칼스루헤에 있었다.

하루는 검찰청에서 조사관들이 우리 집을 방문해서 사태를 조사하고 필요하면 양을 추방하는 절차에 들어가겠다고 말했다. 나는 여러 가지로 생각해 보다가 그런 조처까지 취할 필요성을 느끼지 않아서 그만두도록 했다. 그러나 검찰청에서 양을 소환해서 철저한 조사를 하고 경고를 했다는 소식을 들었다. 양은 그 뒤에는 여러모로 조심하더니 우리가 에펠하임으로 이사한 후에 한국으로 돌아갔다고 했다. 아마도 신분이 드러나서 더 이상 활동할 수 없었으리라.

에펠하임 부부 기숙사로 이주

지겔하우젠에서는 국가에서 보조해 주는 아동수당이나 주택보조비를 다소 받게 되었으나 월세가 비싼 집에서 살았기에 경제적 문제를 근본적으로 해결할 수는 없었다.

그러던 차에 어느 날 하이델베르크 시내에서 학생 가족들을 위한 새로운 기숙사가 금방 배당되었다는 것을 알게 되었다. 아내와 나는 지체 없이 기숙사 사무실을 찾아갔다. 담당자가 상담중이어서 잠시 기다리니 젊은 독일인 부부가 상담을 마치고 나왔다. 우리는 차례가 되어 담당자를 만나서 학생 기숙사를 얻고 싶다고 말했더니 바로 금방 나간 젊은 부부가 배당받았던 기숙사를 포기하겠다고 했다면서 그 기숙사를 사용하라는 것이었다. 하늘이 무너져도 솟아날 구멍은 있다고 얻기 힘든 가족 기숙사를 그렇게 쉽게 얻게 될 줄은 몰랐다.

우리는 보름이 지나서 새 가족 기숙사로 옮겨 갔다. 기숙사는 네 식구가 살기에는 좀 좁았으나 새로 지어서 모든 것이 깨끗했고 아이들 방이 2층에 있어서 더욱 편리했다. 이 새로 지은 가족 기숙사는 월세가 단돈 250마르크에 불과했다. 이전에 650마르크를 냈던 월셋집에 비하면 거리의 소음도 없고 새 집인데다 크기도 비슷했다. 이렇게 싼 것은 그 전의 집은 개인주택이었고, 이번 것은 공공주택 즉 기숙사였기 때문이다.

새 기숙사로 이사 오니 구비할 것이 생겼다. 우선 가구가 있던 집에서 살다가 텅 빈 새 기숙사에 오니 가구들이 문제였다. 그런데 가구 문제는 의외로 쉽게 해결할 수 있었다.

에벨하임으로 이사하고 얼마 뒤 그곳 '그리스도는 왕의 교회 Christus Königskirche'라는 교회의 클라인Klein 목사가 우리 부부를 저녁 식사에 초대했다. 바덴 주 지역 교회Badische Landeskirche의 선교부 총무로 일하는 나의 친구인 알렉산더 엡팅Alexander Epting 목사가 우리를 소개하면서 우리 식구가 그곳으로 이사했으니 잘 도와주라고 했다는 것이다. 우리가 한국의 파트너 교회인 기장에서 유학 온 목사이기 때문에 친교를 나누고 필요한 것들이 있으면 도와주라는 부탁을 했다는 것이다. 저녁에 목사관에 도착했더니 이웃 교회의 뮐러Müller 목사 부부도 와 있었다. 에펠하임에는 두 개의 개신교회가 있었다. 그중 한 교회 목사가 뮐러였다.

저녁 식사는 전형적인 독일식인 소위 '저녁 빵Abendbrot'으로 간소하게 준비되어 있었다. 독일인들은 한국에서처럼 손님을 초대하고는 상다리가 부러지게 차려내지 않는다. '저녁 빵'이라는 말처럼 독일인들은 저녁에는 거의 요리를 하지 않는다.

내가 처음 지도교수 집에 저녁 초청을 받아 갔을 때 교수는 저녁 차리는 낌새는 없고 논문 이야기만 하다가 8시가 다 되어 0.7리터짜리 물 한 병과 빵 한 덩어리를 가지고 나왔다. 그는 칼을 들고 와서 빵을 자르더니 물 한 병을 따서 먹자는 것이었다. 빵 두 조각과 물 한 병을 마시고 기숙사에 돌아오니 배가 고파서 잠이 오지 않았다.

한국에서 가져온 라면 한 개를 끓여 먹고야 잠들 수 있었다. 이처럼 독일인들은 대개 저녁으로 빵에다 슬라이스 소시지나 치즈 등을 올려 아침과는 달리 커피 대신 홍차를 마신다.

그날 저녁에는 그것들 외에도 우리를 위해서 특별히 감자 샐러드와 함께 타타르Tartar를 준비했다. 타타르란 기계로 곱게 갈아서 저민 소고기 회와 같은 것을 말한다. 우리가 멀리 동양에서 왔으니 날고기를 좋아할 것으로 생각하고 특별히 준비한 듯했다.

타타르족이란 13세기 몽골 고원에서 살던 민족으로 칭기즈 칸 이후 큰 군대를 이루어 아시아는 물론 유럽, 거의 비엔나까지 점령했다. 그들은 여러 지역을 점령해 가면서 다른 민족이 키우던 소들을 잡아서 먹고 남은 생고기 덩어리를 말안장 밑에 깔고 멀리 이동하며 전쟁을 했는데 그 사이에 소고기는 짓이겨져서 부드럽게 되었고 그들은 쉴 때 그것을 먹으면서 전쟁을 이어갔다고 한다. 현재의 타타르는 그 민족이 먹던 음식에서 유래했다.

독일 정육점에서는 곱게 저민 날고기를 타타르라고 해서 팔고 있는데 독일인들은 특별한 날이나 손님이 올 때 타타르를 준비하여 빵 위에 얹어 먹는다. 우리는 타타르를 빵 위에 두껍게 올려놓고 그 위에 소금과 후추 등을 뿌려서 먹었다. 독일 목사들과 사모들은 타타르를 맛있게 먹었으나 날고기를 싫어하는 아내는 사양하고 빵과 감자 샐러드만 먹었다. 잘 익은 포도주를 곁들인 저녁이어서 즐거운 한때를 보냈다.

저녁 식사가 끝나자 클라인 목사는 우리를 데리고 근처에 있는 자기 교회당으로 가서 교회 안을 구경시키고는 지하실로 우리를 안내했다. 지하실도 교회당만큼 큰 공간이었는데 거기에는 온갖 낡은 가구들과 양탄자 그리고 값나가는 옷들로 가득 차 있었다. 소파나 책상들 가운데는 쓸 만한 것들이 많았고 양탄자들 가운데는 새것들도 눈에 띄었다. 그리고 한쪽 벽을 따라서 좋은 품질의 가죽 외투나 양복 등 옷가지들도 나란히 걸려 있었다. 그것들은 모두 그 교회에 속했다가 돌아가신 교인들이 남긴 것들이었다. 독일 노인들이 죽으면 대개 자식들이 장례식에 참석하기도 하지만 적지 않은 자식들은 유산이나 부모들 집에 값나가는 물건이 없으면 소식을 알려도 나타나지도 않는다. 그래서 교회들은 이들 죽은 사람들의 물건들을 교회당에다 모아 놓고 필요한 사람들에게 나누어 준다는 것이다.

클라인 목사는 우리에게 교회 지하실 열쇠를 주면서 필요한 물건들을 언제든지 가져다 사용하라고 했다. 우리는 침대와 소파, 책상 등 몇 가지를 가져다 사용했다. 그리고 같은 기숙사에 사는 한국 학생들에게 광고를 해서 그들도 거기서 가구 등을 가져다 사용하도록 했다. 그래서 여러 집에서 많은 가구들을 걷어 왔고 어떤 학생들은 질 좋은 외투 등을 가져다 입기도 했다.

아이들은 전학한 지 얼마 지나지 않았지만 다시 에펠하임의 초등학교로 전학하게 되었다. 이때 딸아이는 4학년에 들어갔고 아들은 3학년에 들어갔다. 그 학교에서도 교장과 선생님들의 배려로 학교에 잘 적응하게 되었고 가정은 더욱 안정되었다. 대개 가족 기숙사에

사는 독일인들이나 유럽인들은 젊은 부부들이어서 아이들이 없었
지만 10여 가구의 한국 유학생 가족은 나이가 들어서인지 모두 아
이들이 한두 명씩 있었다. 마당에서 뛰어노는 아이들은 거의 한국
아이들이었다. 그들은 독일 말을 쓰기도 했지만 대개는 한국말을
주고받으면서 놀았다.

제2부

무심한 부모, 잘 자라 준 아이들
아이들 교육에 대해

무심한 부모와 잘 적응하는 아이들

외국에 나가 살게 되니 아이들의 교육 문제가 가장 시급했다. 하이델베르크 지겔하우젠 집에 도착하여 2~3일이 지난 다음 우리는 길 건너편에서 조금 걸어 올라가면 슈타인바허Steinbach라는 초등학교가 있다는 것을 알게 되었다. 우리 부부는 한국에서 우이초등학교 2학년을 마치고 3학년에 막 올라간 딸 미영이와 1학년을 마치고 2학년이 된 아들 해영이를 데리고 무조건 그 학교를 찾아갔다.

사무실에 도착하니 여직원이 우리를 안내하여 교장실로 데려갔다. 마흔 쯤 되어 보이는 젊은 남자 교장은 아이들이 독일 말을 전혀 모르니 함께 2학년 반에 넣자고 제안했다. 우리는 동의했다. 면담을 마치고 교장은 아이들을 데리고 2학년 반으로 가서 담임선생님에게 소개했다. 담임선생님은 우리 아이들을 독일 아이들에게 소개하고는 자리에 앉게 했다. 한 반에 15명가량의 어린이가 공부하는데 동양 아이들은 전혀 보이지 않고 터키와 아프리카에서 온 어린이 몇 명이 눈에 들어왔다.

아이들은 무사히 학교생활을 시작했으나 언어가 통하지 않으니 어려움이 많았다. 아이들은 교재들도 받았으나 그것들을 집에 가져오지 못하고 학교에 두고 다녔기 때문에 책가방 같은 것도 필요 없었다. 공책이나 필기도구도 다 학교에서 지급한다고 했다.

처음에는 학교생활이 힘든지 아이들은 다소 불안해했다. 어떤

날은 두 아이가 학교에 갔다가 금방 집으로 되돌아와서 울음을 터뜨렸다. 그날은 학교에 갔더니 아무도 없더라는 것이다. 마침 공휴일이어서 학교가 쉬는 날인 걸 모르고 자기들만 간 게 창피스럽더라는 것이다. 그와 비슷한 학교 코미디가 몇 번 있었으나 몇 달이 지나자 아이들은 점차 학교에 적응해 갔고 놀러 오는 친구들도 생기고 그들의 집으로 놀러 가기도 했다. 목이 마르면 물 마시는 시늉을 하면 독일 아이들의 어머니가 음료수도 주더란다.

하루는 한국의 미술사 특히 신라의 청자를 연구한다는 두 여대생이 우리가 한국에서 왔다는 것을 알고 찾아왔다. 그들은 우리 아이들의 학교생활의 형편을 듣고는 한 사람이 이틀에 한 번씩 와서 아이들의 공부를 도와주겠다고 했다. 그들의 도움으로 아이들은 좀 더 빨리 학교생활에 적응할 수 있었다. 독일인들이 어려움에 처한 사람들을 보면 무조건 도우려고 하는 것을 그 후 독일에 살면서 어디서나 경험했다.

그러던 어느 날 아이들이 학교에서 한 시간 반 정도 늦게 돌아왔다. 알고 보니 그 젊은 교장선생이 독일어를 모르는 몇몇 아이에게 방과 후에 독일어를 한 시간 정도 가르치기로 했다고 한다. 터키에서 온 아이 3명, 아프리카에서 온 아이 2명, 일본에서 온 아이 1명 그리고 우리 집 아이 2명 합해서 8명을 학교가 끝나고 교장이 자기 방에서 독일어 기초를 가르친다는 것이다. 우리와 우리 아이들은 놀라기도 하고 감탄하기도 했다. 한국 같으면 전혀 있을 수 없는 일이었기 때문이다. 아이들 말로는 그 젊은 교장선생은 매우 친절하게 잘 가르쳐 줄 뿐만 아니라 초콜릿 등 간식거리들을 가지고 와서 아이들에게 나누어주기도 한다는 것이었다.

하루는 학교의 전기 배선이 고장 나서 수업 시작과 끝나는 시간을 알리는 벨을 울릴 수 없게 되었다고 한다. 그러자 교장이 작은 종을 들고 교실마다 찾아다니면서 시간을 알려주었다고 한다. 한국 같으면 교장이 그런 일을 절대로 하지 않았을 것이다. 아마도 다른 선생님이나 직원들이 그렇게 했을 것이다. 우리 아이들은 서울 우이초등학교를 다닐 때 교장실 앞을 지날 때는 까치발을 하고 소리 나지 않게 조용히 지나가라고 가르치던 담임선생의 말을 기억하면서 전혀 다른 독일 학교의 분위기나 교장선생의 행태를 기이하게 생각하기도 했다.

우리는 지겔하우젠에서 1년 정도 살았고 아이들도 슈타인바허 학교에 2학기 정도 다녔다. 그러고 나서 새로 지은 부부 기숙사 에펠하임Eppelheim으로 이사했다. 아이들은 그곳에 있는 데오도 호이스 학교Theodor Heuss Schule로 전학을 가게 되었다. 전학 갈 때 맏딸 미영이는 4학년에 아들 해영이는 3학년에 들어갔다. 우리가 에펠하임에서 1년가량 사는 동안에 미영이는 초등학교 4학년을 졸업하게 되었다. 독일에서는 초등학교 4학년을 졸업하고 성적이 좋으면 상급학교들 가운데 9년을 공부하고 대학에 진학할 수 있는 소위 김나지움Gymnasium으로 올라가든지, 성적이 중간 쯤 되면 레알슐레Realschule에서 약 5년 동안 공부하고 직업학교로 가든지, 성적이 더 좋지 않으면 약 5년 동안 공부하고 좀더 낮은 직업을 가질 수 있는 하우프트 슐레Hauptschule로 진학하게 된다.

우리는 학교를 찾아가서 미영이의 진학 문제를 놓고 상담을 받았다. 교장은 미영이가 독일에서 학교 다닌 기간이 2년 정도밖에 안 되기 때문에 전체 성적을 평가할 수 없어 어느 정도 수준의 학교에 진학하라고 추천할 수 없다고 했다. 우리는 가능하면 대학에 진학할 수 있는 김나지움으로 보내고 싶다고 말했다. 그러자 학교에서 실시하는 시험을 보아 합격하면 김나지움으로 보내도록 추천해 주겠단다. 독일의 경우 학교가 아이들의 초등학교 4년 동안의 성적을 놓고 상급학교 진학을 추천하면 대부분의 학부모는 거기에 동의한다. 그러나 학교 추천에 동의하지 않고 더 좋은 학교로 보내기를 원하는 학부모들은 아이들에게 학교에서 실시하는 시험을 보게 한다. 시험에 합격하면 보다 좋은 상급학교로 보내고 그렇지 못하면 학교의 제안을 따른다.

우리는 학교에서 실시하는 시험을 보기로 했고 미영이는 다행히 시험에 합격하여 김나지움에 입학할 자격을 얻었다. 우리도 놀랐고 학교 측도 놀랐다. 외국에서 온 어린이들 중 2년 정도 짧게 독일 초등학교를 다니다 시험을 보고 김나지움에 올라간 예가 거의 없었기 때문이다. 우리는 한국에서도 아이들 교육에 큰 신경 쓰지 않았고 더구나 독일에서는 신경 쓸 수조차도 없었다. 그런 상황에서 미영이가 완전히 낯선 환경과 새로 시작한 독일어로 2년 반을 공부해 김나지움에 들어갈 수 있는 시험에 합격한 것은 기적 같은 일이었다. 무심한 우리는 그 당시 그것을 그냥 당연한 것으로 생각했다.

딸과 아들의 김나지움 입학

그러는 사이에 우리는 1977년 가을에 다시 프랑크푸르트로 이사하게 되었다. 내가 프랑크푸르트 한인 교회에 담임목사로 초빙 받았기 때문이다. 우리는 프랑크푸르트 외곽 북쪽지역인 프랑크푸르터 베르크Frankfurter Berg로 급히 이사했다. 2년 반 사이에 벌써 두 번째 이사다. 이사를 마치고 동네 지도를 살펴보니 그 동네에 알베르트 슈바이처 초등학교가 있어서 아들 해영이를 그 학교 4학년에 입학시켰다. 그리고 미영이는 거기서 약 3, 4Km 떨어진 바이스슈타인Weisstein에 있는 지헨 김나지움Ziehen Gymnasium에 입학시켰다. 독일의 경우 학교가 집에서 4Km보다 먼 곳에 있으면 학교에서 버스표를 지급하지만 우리 집은 그렇지 않았기 때문에 미영이는 자전거를 타고 학교에 다니게 되었다. 후에 알게 되었지만 이 김나지움에는 외국인 아이들이라고는 미영이뿐이었고 나중에 해영이와 함께 입학한 한국인 어머니를 가진 노브롭스키라는 남자 아이가 해영이 반에 들어왔다. 그의 독일인 아버지는 기술자로 한국에 왔다가 한국 여자와 결혼했고 당시에 바이스슈타인에 살고 있었다.

나중에 알게 되었지만 이 학교는 프랑크푸르트에 있는 유명하다는 괴테 김나지움과 쉴러 김나지움과 함께 매우 뛰어난 고등학교인데 보수적인 가톨릭 계통의 학교로 학생들을 엄격하게 가르치고 성적도 매우 박하게 준다고 했다. 약삭빠른 독일인이나 외국인 부모들은 그 학교들에 아이들을 보내지 않는단다. 그래서 외국인들의 아이들이 그 학교에 없었다. 공부를 다소 못 해도 좋은 성적을 받고 자 하는 학부모들은 시내 한가운데 있는 엘리자베스 김나지움 같은 데 아이들을 보낸다. 엘리자베스 김나지움이 있는 프랑크푸르트 중 심가에는 대개 터키나 아프리카 등지에서 온 가난한 노동자들이 살 고 있어서 초등학교에는 그들의 아이들이 전체 학생의 70%가 넘었 다. 터키나 아프리카에서 온 어린이들 다음으로 한국 사람들의 아 이들이 그 학교에 많이 다녔다.

프랑크푸르트에서 목회를 시작하고 한참 지나서 교인들과 학교 이야기를 하다가 우리 아이들이 지엔 김나지움에 다닌다고 했더니 교인들은 이구동성으로 왜 아이들을 그 학교에 보내느냐고 야단이 다. 지금이라도 당장 엘리자베스 김나지움으로 옮기면 아이들이 좋 은 성적을 받게 되고 들어가기 힘든 의대나 컴퓨터 학과 같은 좋은 학과에 입학할 수 있다고 했다.

집에 돌아와서 딸과 상의했더니 싫다고 했다. 시내 한복판에 있 는 엘리자베스 김나지움은 집에서 30~40분 버스와 전차를 타고 오가는 먼 곳에 있었고, 더욱이 거기는 공부 못 하는 불량학생들이 나 애들이나 다니는 학교로 소문이 나 있다는 것이다. 독일 학교에 서는 상대평가로 성적을 주는데 그래도 거기서 공부하면 좋은 성적 을 받아서 대학에서 좋은 학과에 들어갈 수 있지 않느냐고 물었지만 미영이는 반대했다. 미영이는 지엔 김나지움에서도 좋은 성적을 받 을 수 있다고 말했다. 우리는 다른 한국 학부모들과 달리 아이들 교육을 놓고 과도하게 신경 쓰지 않는 편이어서 그냥 내버려두었다.

독일인들은 부지런하다고 할까 직장이나 학교나 아침 7시면 일과를 시작한다. 아이들은 아침 일찍 일어나 저녁에 싸두었던 아침 식사용 빵을 플라스틱 그릇에 담아서 자전거를 타고 학교로 내달린다. 첫 시간을 7시에 시작하니 한 시간 수업이 끝나는 7시 40분경에 약 30분 정도 아침 식사를 위한 시간이 주어진다. 학생들은 학교에서 마련한 커피나 차 그리고 우유 등을 마시면서 가지고 간 빵으로 아침을 먹는다. 이때 선생님들도 같이 아침 식사를 한다. 한국에서도 학교 급식을 이렇게 간단히 할 수 있으면 좋으련만……

내 아내는 아침잠이 많아서 대개 여덟시가 다 돼야 일어났다. 우리가 일어났을 때 우리 일에 바빠서 아이들 공부하는 데는 거의 신경을 쓰지 못했다. 아이들은 이미 학교에 가고 없었다. 우리는 당시의 한국 어머니들처럼 점심 식사 도시락이나 경우에 따라서는 과외를 위해 저녁 도시락까지 싸주는 일은 하지 않아도 되었다. 그리고 아이들은 김나지움 다니는 동안 내내 대개 12시 반이 지나면 집에 돌아와 함께 점심을 먹었다. 한국에서처럼 방과 후 수업을 하거나 과외를 하지 않았다. 점심을 먹고 나면 아이들은 잠시 휴식을 취하고 약 15분 정도 숙제를 한 다음 늘 친구들을 만나서 놀았다. 독일 학교에서는 집에서 오랫동안 해야 할 숙제를 내주지 않는다. 그래서 아이들은 친구들과 놀다가 저녁이 되어서야 집으로 돌아왔다.

1년이 지나서 아들 해영이도 같은 김나지움에 가게 되었다. 그는 미영이와는 달리 독일에서 3년 동안이나 초등학교에 다녔고 공부도 잘해서 미영이가 본 시험 같은 것 없이 자기 성적으로 김나지움에 올라갔다. 그래서 해영이에게도 학교 사정들을 설명하고 미영이처럼 지엔이나 엘리자베스 김나지움 가운데 어디로 가고 싶으냐고 물었더니 그는 두말 않고 지엔 김나지움으로 가겠단다. 그래서 그도 지엔 김나지움에 들어가게 되었다.

그 학교에는 이제 두 명의 한국 어린이 외에 외국인 자녀들은 다니지 않았다. 그렇지만 다른 학교들에서처럼 외국인 아이들이라고 놀리거나 멀리하지 않고 아이들이나 선생님들도 잘 대해 준다고 했다. 해영이는 자기 반에서 앞서 언급한 한국인 엄마를 둔 어린이 노브롭스키를 만났다. 그는 혼혈이지만 거의 알아볼 수 없을 정도로 독일 어린이었다. 그런데 하루는 노브롭스키가 해영이 옆으로 오더니 귓속말로 '김치찌개'라고 속삭이면서 집에서 자기 엄마가 그것을 잘 만들어 주는데 맛이 좋다고 했단다. 그래서 그가 한국 엄마를 둔 아이인 것을 알게 되었다는 것이다.

독일의 김나지움

앞서도 말했지만 독일에서는 초등학교Grundschule를 4년 동안 다니고 졸업하고 나면 아이들은 세 가지 길 가운데 하나를 택해야 한다. 약 20% 정도의 공부를 잘하는 아이들은 9년 동안 다니고 졸업한 다음 대학 공부를 계속할 수 있는 김나지움으로 올라간다. 그리고 약 40%의 성적이 중간 정도 되는 아이들은 다소 나은 직업교육을 받을 수 있는 레알슐레Realschule로 올라가고 나머지 하위 40%는 더 낮은 종류의 직업을 갖게 되는 하우프트슐레Hauptschule로 진학하게 된다.

이러한 결정은 전적으로 초등학교가 결정해 주며 학부모들은 대개 거기에 순응해서 아이들을 학교에 보낸다. 혹시 한국의 부모들처럼 자기 아이들이 성적이 모자라는데도 대학에 보내고 싶은 학부모들은 학교 결정에 불복하고 아이들에게 학교에서 실시하는 시험을 보게 할 수 있다. 이 시험에서 다행히 좋은 성적이 나오면 김나지움으로 갈 수 있으나 그렇지 못하면 학교가 정한 학교로 가게 된다.

그런데 이러한 어느 정도 확고하게 규정된 학교 제도에서도 열린 공간은 있다. 만일 성적이 중간 정도여서 레알슐레에 들어간 아이가 거기에서 월등한 성적을 내게 되면 시험 등의 절차를 거쳐서 대학에 진학할 수 있는 김나지움으로 전학할 수 있다. 그 반대로 처음에 성적이 좋아서 김나지움에 입학했던 아이도 9년 동안 다니는 사이 성적이 너무 떨어지면 불가피하게 레알슐레로 옮겨 가야 한다. 이러한 제도는 레알슐레와 하우프트슐레 사이에서도 적용된다.

이렇게 성적에 따라서 다른 길을 선택할 수 있는 기회가 주어지지만, 독일 학부모들은 과외를 시키거나 해서 억지로 성적을 올려서 좋은 학교로 보내려고 하지 않는다. 그래서 학원 같은 사교육은 없다. 그래도 그중에도 가끔 교육에 열성적인 독일인들도 있어서 개인교사를 구해서 아이들을 가르치는 사람들도 더러 있었다. 최근에는 독일에서도 경쟁이 심해지면서 개인교사를 두는 사람들이 더 많아지고 있다고 한다.

우리 아이들은 별일 없이 9년 동안 지엔 김나지움을 졸업하고 대학에 진학할 수 있었다. 감사한 일이다.

학교에서 자전거 분실

우리 아이들은 자전거를 타고 학교에 다녔다. 학교에는 자전거 수백 대를 놓아 둘 수 있는 거치대가 마련되어 있다. 아이들은 타고온 자전거를 거기에다 두고 교실로 들어가서 공부를 하고 끝나면 나와서 다시 타고 집으로 온다. 그런데 해영이가 8학년 때인가 어느날은 다소 늦게 1시 30분이 지나 집으로 왔다. 학교에 타고간 자전거가 없어져서 학교 관리인Hausmeister에게 말했더니 그는 분실물장부에 기록하고는 보험에 들었으니 2~3일이면 새 자전거가 도착할 것이라고 말해 주었단다. 그 절차를 마치고 나서 걸어서 집에 오다보니 한 시간이나 늦게 집으로 온 것이다.

독일에는 학교나 교회 그리고 큰 건물들에는 하우스마이스터라는 책임 관리인들이 있다. 그들은 한국과 달리 건물의 사용과 보호, 관리에 총책임을 진다. 학교 건물의 사용이나 관리에 관한 한 교장이 책임지지 않고 관리인이 책임진다. 그것은 교회의 건물이나 시설도 마찬가지다. 따라서 외부인이 학교 교실이나 교회 건물 일부를 빌려서 행사를 하거나 하려면 교장이나 담임목사 허락이 필요한 것이 아니라 관리인 허락을 받아야 한다.

이러한 전통은 종교개혁 시대에 생겨났다고 한다. 종교개혁 당시 모든 교회는 가톨릭교회였는데 16세기 중반부터 개혁과 더불어 신교가 탄생하면서 여러 곳에서 교회 건물들을 놓고 구교도들과 신교도들 사이에 쟁탈전이 벌어졌다. 개혁으로 인해서 신교도들의 수가 더 많으면 그들이 교회당을 점령하여 차지했고 반대로 가톨릭교인 수가 더 많으면 구교도들이 차지했다. 그 과정에서 여러 지방에서 양 교도들 사이에는 싸움이 끊이지 않았고 빼앗고 뺏기는 투쟁이 계속되었다. 그래서 양 교도들은 자기들이 차지한 교회당을 지키기 위해서 소위 힘센 하우스마이스터를 뽑아서 그에게 모든 권한을 주고 교회당을 지키고 관리하게 했다. 그리하여 하우스마이스터라는 직업이 생겼고 그들은 자기들이 관리하는 건물에 관한 한 특별한 권리를 지니게 되었다.

학교에서 학생들의 주차장이나 자전거 거치대 관리도 이 하우스마이스터의 책임이다. 그는 학교의 화재나 건물 파손, 교내 물건들의 도난 등을 고려하여 화재보험이나 도난보험 등을 들어둔다. 그래서 그는 해영이의 자전거 도난에 대해서도 보험회사에 연락하고 보상을 신청해 주었던 것이다. 해영이는 걸어 다니기에는 좀 떨어진 거리에 살고 있었기 때문에 새 자전거가 보험회사에서 올 때까지 학교에서 버스 쿠폰을 주어서 며칠간 버스를 타고 학교에 다녔다.

카니발(사육제) 행사

독일에서는 사육제를 '파싱Fasching'이라고 부르는데 일반적으로 사육제謝肉祭라고 번역한다. 사육제는 유럽과 남미 등지에서 2월 중하순경 열리는데 시작하는 날짜는 매년 조금씩 달라지지만 항상 화요일에 열린다. 사육제는 엄격히 말하면 그리스도의 현현절(1월 6일, 주님의 탄생 대축일 ― 동방교회에서는 성탄절로 지킨다)로부터 '기름 진 화요일Mardi gras'까지의 기간을 의미하는 교회와 대중들의 축제 행사다. 이 축제는 이 기간이 끝나면 그리스도의 수난절인 금육禁 肉, 혹은 사육謝肉과 절제의 기간이 시작되기 때문에 이 4주간에 걸 친 금욕 기간이 시작되기 전에 마음껏 먹고 신나게 놀자는 생각에서 비롯된 것이다.

사육제를 지칭하는 이탈리아어 carnevale는 '고기를 금한다'(謝 肉)는 뜻이다. 이 말은 carne(고기, 살)와 levare(없애다, 금하다)의 합성어로, 이 단어에서 프랑스어 carnaval, 스페인어 carnaval, 영 어 carnival, 독어 Karneval 등이 생겼다. 옛날에는 유럽의 대도시 들과 시골 마을 등지에서 다양한 규모의 사육제가 많이 있었지만, 사육제 기간 동안 로마 가톨릭교회의 금식 전통을 엄수하는 사람이 점점 줄어들어 오늘날에는 거의 사라졌다.

오늘날 사육제들은 애초의 경건한 종교적 의미와는 동떨어진, 화려하게 치장한 볼거리의 춤과 행진으로 변모했다. 그 대표적 예가 남미 브라질 리우의 카니발 행사다. 프랑스의 니스 사육제, 이탈리아의 베네치아 사육제 등이 국제적으로 유명하다. 독일에서는 라인 강을 따라 있는 대도시들, 즉 마인츠와 쾰른 그리고 뒤셀도르프로 이어지는 사육제가 유명하며 하루 종일 TV방송으로 중계되기도 한다.

이 사육제 기간이 되면 어른이나 아이들 할 것 없이 형형색색의 다양한 옷차림으로 변장을 하고 축하 행렬에 참가한다. 우리는 독일 생활 첫 해에 하이델베르크 중심가에서 소규모로 진행되는 사육제를 구경했다. 긴 행렬이 지나가는데 우리 집 근처에 있는 빵집 주인이 큰 마차를 타고 지나가다가 우리를 보고 갑자기 가까이 오라고 손짓을 했다. 마차에 가까이 접근하니 빵집 주인은 우리 아이들에게 여러 가지 빵을 골고루 담은 바구니를 넘겨주었다. 우리는 집으로 돌아와 그 빵들로 며칠 동안 아침 식사를 했다. 마차 가까이 가 보니 그 마차는 빵집 주인들이 치장하여 만든 것으로 그 위에는 7~8명의 빵장수가 타고는 괴성을 지르면서 갖가지 빵들을 구경하는 사람들에게 던져주고 있었다.

사육제를 준비할 때는 각 직종별로 혹은 동제별로 준비 팀을 만들어서 거의 일 년 동안 수시로 모여서 마차나 자동차 등에 장식할 물건들과 자기들이 입을 의상을 만든다. 마인츠나 쾰른 등 대도시에서 거의 하루 종일 진행되는 수많은 카니발 팀의 행진에 참가하기 위해서 그 도시의 사람들은 물론 이웃한 작은 도시들의 참가자들은 경쟁적으로 특징 있게 준비한다. 예를 들면 큰 트럭에다 화려하게 장식을 하고 정치가, 미국의 닉슨 대통령이나 소련의 흐루시초프나 동물들을 우스꽝스럽게 인형으로 만들어 앞장세우고 행진한다. 그리고 그 행진 대열에는 항상 사회비판적인 모티브, 예를 들면 원전 폐기나 핵무장 반대와 같은 주제를 사용해서 장식하고 행진하기도 했다.

나는 한국 사람들과 함께 몇 차례 프랑크푸르트에서 멀지 않은 마인츠에서 시작되는 카니발 행사를 구경하러 갔다. 위에서도 설명한대로 각양각색으로 꾸민 각 단체의 카니발 행렬들이 줄이어 중심가를 지나간다. 그중에서도 젊은 여학생들은 날씨가 꽤나 추운데도 짧은 스커트를 입고는 장식용 막대를 들고 춤을 추거나 악기들을 연주하면서 지나가기도 한다. 수많은 어른과 어린이가 양 옆 길가에서 구경하고 지나가는 마차에서 던져 주는 꽃이나 사탕 등을 받으려고 야단이다. 길가에 있는 주택이나 2~4층에 사는 사람들이나 건물들에서 일하는 사람들도 테라스에 나와서 구경을 한다.

구경하는 어른들은 날씨가 춥기 때문에 길가에서 파는 글뤼바인 Glühwein이라는 뜨겁게 데운 포도주를 사서 마시며 추위를 견딘다. 이 포도주는 붉은 포도주에다 쓴 오렌지 조각, 계피가루, 정향수피, 설탕이나 꿀 등을 넣은 음료로 취향에 따라서 약간의 생강을 넣기도 한다. 이 글뤼바인을 한두 잔 마시면 몸이 후끈거리고 더워지면서 추위를 잊게 되고 취기가 살짝 돌면서 흥분되어서 더욱 즐거운 기분에 휩싸여 축제 분위기에 빠지게 된다.

오전에 마인츠에서부터 시작되는 카니발은 오후가 되면서 점차 라인 강 하류를 따라서 쾰른과 뒤셀도르프로 이어진다. 저녁이 되면 쾰른에 있는 커다란 홀에서 카니발을 주최한 책임자들과 연예인들과 문인들 그리고 정치가들이 초청되어 화려한 말잔치를 장식하는 토크쇼가 열린다. 아직도 기억에 남는 것은 1980년대 콜 정부에서 노동부 장관으로 재직했던 로베르트 블룸Robert Blum이 초대되어 나와서 재치 있는 농담을 하던 것이다. 당시 그는 보수적인 기민당 정치인으로 소비에트연방의 언론 현실을 꼬집으면서 다음과 같은 요지의 재담을 늘어놓았다.

당시 소연방에는 두 개의 커다란 정부기관지인 〈프라우다〉와 〈이스베스치아〉라는 신문이 있었다. 프라우다라는 말은 '진리'를 의미하고 이스베스치아는 '보도'(=뉴스)를 의미하는데 블룸에 따르면 프라우다(진리)에는 이스베스치아(보도)가 없고, 이스베스치아(보도)에는 프라우다(진실)가 없다는 것이다. 한마디로 소련의 언론 보도는 믿을 수 없다는 말이다. 이러한 토크쇼로 독일의 카니발은 막을 내린다.

아들 해영이도 프랑크푸르트로 이사 와서 알베르트 슈바이처 초등학교 4학년 때 카니발을 맞이하여 자기 반 아이들과 함께 분장을 하고 그 동네에서 벌어질 행진에 참가하기로 했다. 해영이는 조로 Zoro 복장을 하고 행진에 참가하겠다고 해서 우리는 시장에 가서 검은색 천을 사다가 밤새워 망토를 만들었다. 조로가 썼던 검은 모자와 눈가리개 가면은 가게에서 살 수 있었다.

조로는 스페인 말로 '여우'를 뜻하는데 1919년 작가 존스턴 맥컬리가 만든 허구의 인물이다. 조로는 1821년에서 1846년 사이에 멕시코 지배하에 있던 로스앤젤레스에서 살던 귀족으로 묘사된다. 그는 검은 모자와 망토를 휘날리며 잔혹한 지배자에 반대해서 평범한 토착민들을 보호해 주는 영웅으로 그려졌다.

해영이는 조로 차림을 하고 카니발 행차에 참가하고 나서 학교 선생님과 친구들에게 자기 반에서 제일 잘 분장했다고 칭찬을 들었다며 집에 와서 자랑을 했다.

아이들의 용돈과 아르바이트

독일의 초·중·고등 학생들은 매주 혹은 매달 일정한 액수를 용돈으로 받는다. 이 용돈은 부모의 간섭 없이 아이들이나 청소년들이 마음대로 그러나 책임적으로 적절하게 사용해야 한다. 학용품이나 학생으로서 필요한 물건들은 용돈과는 무관하게 학부모들에게 받을 수 있다. 교과서나 학습에 필요한 것들은 다 학교에서 지급하기 때문에 학부모들에게 부담이 갈 만한 것들은 거의 없다.

이 용돈은 아이들의 발달과 교육에 매우 중요하다. 우선 어린이들은 책임의식을 갖고 돈을 대하는 방법을 배우고 나아가서 용돈을 받는 어린이들이나 청소년들은 후에 더 나은 삶을 영위할 수 있다. 그래서 오늘날에도 어느 정도의 용돈이 적절한가 하는 논의가 항상 계속된다.

청소년국Jugendamt은 매년 어린이들이나 청소년들의 용돈을 연령별로 일람표를 만들어서 모든 학부모들에게 기본적인 방향을 제시해 주고 나아가서 용돈이 어린이들이나 청소년들에게 너무 적거나 많이 지급되지 않게 한다. 예를 들어서 2017년도 가족청소년 및 노인복지부에서 권장하고 있는 용돈의 일람표는 아래와 같다.

6세 이하	0.50~1.00유로/1주일
6세	1.00~1.50유로/1주일

7세	1.50~2.00유로/1주일
8세	2.00~2.50유로/1주일
9세	2.50~3.00유로/1주일
10세	15.00~17.50유로/1개월
11세	17.50~20.00유로/1개월
12세	20.00~22.50유로/1개월
13세	22.50~25.00유로/1개월
14세	25.00~30.00유로/1개월
15세	30.00~37.50유로/1개월
16세	37.50~45.00유로/1개월
17세	45.00~60.00유로/1개월
18세부터	60.00~75.00유로/1개월

※ 1유로는 현재 시가로 약 1,200~1,300원 정도다. 따라서 18세가 되면 약 70유로를 받는데 한화로 8만 원 정도 된다. 마르크가 유로로 전환된 후의 아이들의 용돈이다. 1유로는 130마르크 정도 된다.

이러한 용돈 지불 일람표를 연초에 방송을 통해서 전체 국민에게 알리는데 이것은 권장 사항이지 강제는 아니다. 그렇지만 대부분의 독일 학부모는 대체로 이러한 권장 사항을 지키려고 노력한다. 부자들이나 가난한 사람들이나 이 범위 안에서 자녀들에게 용돈을 주지 부자라고 해서 더 많이 주거나 가난하다고 해서 덜 주거나 하는 일은 거의 없다.

그런데 아이들이 15세가 넘으면 대개 가지고 싶은 것도 많고 따라서 쏨쏨이도 커진다. 우리 집 해영이는 좋은 소리가 나오는 커다란 카세트플레이어를 늘 갖고 싶어 했다. 당시 젊은이들은 이렇게 큰 카세트를 어깨에 메고 틀면서 돌아다니는 것이 유행이었는데, 독일에 주둔하는 미군들에게서 배운 것 같다. 그걸 사려고 해영이는 단짝인 위르겐과 같이 슈퍼마켓에서 바구니를 정리해 주는 아르바이트를 해서 시간당 14마르크(8유로) 정도를 받았다.

사실 위르겐의 아버지는 프랑크푸르트에 있는 드레스덴 은행에서 이사로 근무했는데 그는 우리 집 근처의 좋은 저택에 살았고 늘 좋은 자동차를 타고 출근했다. 위르겐에게 상당 액수의 그 은행 주식도 증여해 주었다고 한다. 그런데도 위르겐은 일정한 액수의 용돈밖에 받지 못하기 때문에 해영이와 같이 두 달 이상을 하루에 한두 시간씩 슈퍼마켓에서 바구니를 정리하는 일을 했다. 마침내 우리 아이와 함께 커다란 카세트플레이어를 샀다.

딸 미영이가 11학년, 아들 해영이가 10학년 때 두 아이는 함께 프랑크푸르트 서쪽으로 25Km가량 떨어져 있는 하테르스하임Hattersheim에 있는 호른Horn 카드회사에서 약 5주 동안 아르바이트를 했다.

이 회사는 크리스마스카드 등 다양한 종류의 카드를 생산하는 독일에서 굴지의 회사로 알려져 있다. 1960~80년대 한국에서 크리스마스카드로 크게 성공했던 삼성카드의 사장인 김근호 씨가 호른 회사 카드들의 그림과 디자인을 한국인이 좋아한다고 해서 독일에 와서 꽤 많은 수의 카드 샘플을 사갔다. 그가 독일에 오면 프랑크푸르트 우리 집에 머물면서 그 회사 젊은 사장인 알베르트 혼Albert Horn과 만나서 거래를 했고 내가 시간이 없을 때는 미영이가 통역으로 참석해서 도왔다.

김근호 사장은 자기가 독일에 올 때면 늘 미영이를 앞세워 사업 파트너들을 만나고 필요한 물건들을 사러 다녔다. 그 호의에 감사 표시로 그는 나중에 미영이에게 폭스바겐사의 골프라는 자그마한 자동차를 선물했고 용돈도 주고 갔다.

그 인연으로 미영이는 동생과 함께 방학 중에 그 회사 발송 팀에서 전국으로 팔려 나가는 카드 상자들을 자동차에 싣는 아르바이트를 했다. 일은 다소 힘들었지만 미영이는 이미 운전면허증을 땄기 때문에 내 자동차를 몰고 새벽 같이 회사에 나갔다가 3시경에 퇴근하여 집으로 돌아왔다.

거기서 일해 번 돈으로 해영이는 그렇게도 원했던 프랑스 푸조 사가 만든 값비싼 자전거를 사서 타고 다녔다. 아들의 친구 무리는 거의 다 그 자전거를 사거나 선물 받아서 타고 다녔기 때문에 그도 그토록 그 자전거를 사기를 원했다. 그 자전거는 모든 젊은이가 탐내는 물건이어서 집에서도 자전거 거치대에 세워 두지 않고 늘 집 안으로 가지고 들어와 자기 방에 간직했다.

반장회의는 공부 시간에?

독일에서도 무슨 의논할 일이 있으면 학교 담임교사는 학부모회의를 소집하곤 한다. 한국에서와는 달리 학부모회의에는 어머니들만 참석하는 것이 아니라 아버지들도 꼭 참석하여 부부가 함께 자식 교육에 대해서 관심을 갖고 노력한다. 나는 바빠서 다 참석하지 못했지만 아이들이 김나지움에 다닐 때 몇 차례 회의에 참석했다.

무슨 일로 회의가 소집되었는지 기억나지 않지만 한번은 나는 거기서 큰 결례, 아니 실수를 하고 말았다. 아들 해영이가 반장이었는데 선생님들이 각 학년 반장회의를 꼭 공부시간에 소집해서 그 시간에 가르친 것을 따라가려면 다른 아이의 신세를 져야 하고 또 수학 같은 것은 뒤처지기 쉽다고 집에서 불평을 했다. 그도 한국에서 몇 년 동안 학교에 다녔기 때문에 한국에서는 쉬는 시간이나 방과 후에 반장회의를 소집했는데 독일 학교에서 공부 시간에 회의를 소집하는 것을 이해할 수 없다고 했다.

그래서 나는 안건들이 다 처리되고 나서 손을 들고 담임선생에게 반장회의를 왜 공부 시간에 소집하는가? 한국처럼 쉬는 시간이나 방과 후에 소집할 수 없는가 하고 물었다. 그랬더니 갑자기 학부모들이 웅성거리면서 "그건 안 된다"고 야단이었다. 나는 모두가 내 말이 합리적이어서 거기에 동의해 줄 것이라고 믿었는데 모든 사람이 한목소리로 안 된다는 것이었다. 놀라서 가만히 자리에 앉았더니 선생님이 웃으면서 설명한다. 그 내용은 이렇다. 아이들에게는 공부하는 시간보다 노는 시간이 더 중요하다. 따라서 반장회의를 위해서 아이들에게 노는 시간을 빼앗을 수 없다. 그것이 선생이 말한 요지였다.

다소 부끄러운 생각이 들어서 가만히 앉아 있으니 선생님은 이해가 되느냐고 묻고는 집에 가서 우리 아이에게 잘 설명해 주라고 부탁했다. 여기서 나는 우리나라 교육 방침과 독일 교육 방침이 얼마나 차이 나는가를 발견했다. 집으로 돌아오는 길에 몇몇 학부모가 우리에게 와서 아이들에게는 공부보다는 노는 것이 더 중요하다는 것을 강조하면서 설명했다.

그렇다 아이들에게 노는 것은 얼마나 중요한가! 이렇게 놀아야 될 아이들에게 한국의 부모들은 유치원 때부터 좋은 학교에 보내려고 얼마나 아이들에게 공부하라고 닦달했던가? 한국의 아이들은 초등학교 때부터 정규수업 외에도 몇 과목씩 과외수업을 해야 하고 고등학교에 올라가면 거의 잠을 자지 못하고 입시공부에 매달려야 하지 않는가?

미영이의 러시아 졸업여행 취소와 임종진 박사

딸 미영이는 러시아어를 제1외국어로 선택했기 때문에 구소련의 모스크바로 졸업여행을 가기로 했다. 학교에서 호텔 등 기본적인 것은 다 준비해 주었지만 딸도 오랫동안 큰 기대를 하며 이것저것 많은 준비를 했다. 독일 아이들과는 달리 미영이는 한국 국적이어서 서독의 수도 본에 있는 소련대사관에서 비자 신청까지 마쳤다.

그런데 갑자기 한국적 비행기가 캄차카 반도 상공을 날다가 격추되는 불행한 사건이 터지고 말았다. 1983년 9월 1일 뉴욕에서 앵커리지를 거쳐 인천으로 오던 대한항공 여객기 KE007편이 소련 전투기에 의해 격추돼 승객 269명이 희생되는 대참사가 벌어졌다. 이날 KE007편은 항로를 이탈해 소련 상공에 있었고 소련은 세 대의 전투기를 출격시켜 사전 경고도 없이 미사일로 민간여객기를 격추시켰다.

이 사건은 당시 미소 간에 그리고 한국과 소련 사이에 심각한 외교 문제로 번졌다. 그래서 결국 본에 있는 소련대사관은 미영이의 비자 발급을 거부했고 딸의 모스크바로의 졸업여행은 좌절되었다. 독일 학생들만 다녀왔다.

당시 이 비행기에 탔던 내 친구인 임종진 박사도 사망했다. 그는 물리학계의 영재로 미국 컬럼비아 대학의 교수로 있으면서 가끔 독일에 있는 막스 플랑크Max Planck 연구소의 연구원으로 일하기도 했다. 그는 신실한 그리스도인으로, 독일에 오면 우리 교회에 나왔고 깊은 친교를 나누게 되었다. 그의 비보를 듣고 나는 장탄식을 했다. 이데올로기가 무엇인데 아까운 사람들을 이렇게 죽이는가…….

이탈리아 티롤로 졸업 스키여행

한 번은 아들 해영이가 13학년이 되어 10일 동안 마지막 스키여행을 이탈리아로 간다고 해서 담임선생이 학부모회의를 소집했다. 학부모회의는 이번에도 저녁시간에 모였다. 회의가 시작되고 선생님이 제시하는 안건은 10일 동안 아이들이 마실 음료수에 관한 것이었다.

그날따라 나는 하루 종일 여러 가지 일을 처리하고 피곤한 몸으로 집에 돌아왔는데 아내가 학부모회의가 저녁 8시에 있다고 해서 약간 짜증이 났지만 아내 혼자 보낼 수가 없어 억지로 참석했다. 그런데 의제가 아이들이 10일 동안 마실 음료수에 관한 것이라니 나로서는 맥이 빠졌다. 나는 한국 사람으로 다시 한번 만용을 부리고 말았다.

회의를 시작하자마자 나는 이렇게 말했다. "아이들의 음료수 문제는 아이들의 욕구와 취향에 따라서 각 가정에서 일정한 액수를 결정해서 주면 되지 않습니까?" 그러자 지난번처럼 학부모들은 어이없다는 듯이 웅성거리기 시작했다. 선생님은 다시 나에게 그동안의 독일의 관습과 학교 전통을 간략하게 설명했다. 독일에서는 아이들의 균형 잡힌 공동체적 여가생활을 위해 학부모회의에서 일정한 액수를 정하고 그 돈을 선생님 계좌로 송금해 주면 선생님이 매일 아침 그 돈을 학생들에게 나누어주어서 학생들이 과도하게 낭비하거나 지나치게 부족하지 않게 교육하고 지도한다는 것이다.

　한국에서 부잣집 아이들은 여행 가서 돈을 펑펑 쓰고 가난한 집 아이들은 그렇지 못해서 아이들 사이에 위화감이 생기는 것을 고려한다면 이러한 독일의 학교 제도나 관습은 교육적으로 매우 추천할 만한 것이다. 앞서 지적한 바와 같이 청소년국에서 용돈의 액수를 권한다든지 또는 학부모회의에서 스키여행을 하는 아이들에게 위화감 없는 일정한 액수의 음료수 값을 정해 주는 것과 같은 제도나 관습은 배울 만한 것이다.

　해영이는 스키여행을 가서 아침마다 일정한 액수의 음료수 값을 선생님에게 받아서 물이나 기타 음료들을 사서 마셨다고 한다. 그런데 하루는 스키 캠프장 근처에서 굶주린 고양이 여러 마리를 발견하고 친구 위르겐과 함께 음료수 값을 절약해서 고양이 밥을 사서 주었다고 한다. 그리고 가장 싼 음료수가 이탈리아산 값싼 포도주여서 그 포도주를 사서 마시고는 취해서 스키를 타니까 더 신나고 즐거웠다고 자랑이다. 일반 포도주병과는 달리 아래 부분이 둥글고 큰, 지푸라기 같은 것으로 술병을 감싼 이 포도주는 값이 싸서 독일에서도 노숙하는 알코올 중독자들이 공원 같은 데 모여서 마시는 것을 보았다.

　해영이가 스키여행을 갈 때 부딪친 또 하나의 문제는 스키와 스키화, 스키복을 장만하는 일이었다. 우리는 프랑크푸르트에서 일하면서 독일 목사 정도의 월급을 받았지만 아이들에게 그런 동계 스포츠 장비를 사줄 만한 여유는 없었다. 독일에서 가장 월급을 많이 받는 독일의 큰 은행장을 1등으로 하고 가장 적게 받는 독일 노동자를 100등으로 칠 때 독일 목사들의 월급 수준은 50~60등 사이에 있다고 한다. 그리고 독일인 상위 3~4%가 겨울 스포츠인 스키를 탈 수 있다고 한다. 따라서 우리 아이가 다니는 김나지움에서 겨울 스포츠 용품을 장만해 줄 수 없는 가족이 약 20%에 달했다. 학교는 이들의 자녀들을 위해 학교에서 미리 준비해 둔 장비들을 빌려주어서 모든 학생이 빠짐없이 졸업을 앞둔 스키여행에 동참하도록 배려해 주었다.

직업 선택 경험주간

김나지움 고학년이 되면 학교에서 마련한 직업 선택을 위한 기회들이 주어진다. 학교에서는 졸업반 학생들을 위해서 각계각층에서 다양한 직업에 종사하는 사람들을 학교로 초청한다. 그들은 자신들의 직업생활을 위한 준비 과정과 실제 경험들을 설명해 준다. 다양한 직업들에 대한 설명을 들은 학생들은 자기들에게 적합하다고 생각하는 직종을 택해서 그곳으로 가서 약 2주 정도 경험과 실습을 해보는 시간들을 갖게 된다.

아들 해영이는 당시 장래의 직업에 대해서 별로 구체적으로 생각해 보지 않았기 때문에 막연히 산림청 같은 곳에서 일하면 좋겠다고 생각했다. 그런데 같은 또래의 친구가 숲에서 일하는 직업인 산림감수Oberwaldtrat가 되는 교육을 받겠다고 해서 해영이도 프랑크푸르트 인근에 있는 나무학교Baumschule로 가서 실습을 하게 되었다.

독일은 유럽의 다른 나라들과는 달리 토지 면적의 거의 절반 이상을 숲으로 조성한 나라다. 비행기를 타고 독일로 들어서면 마을이 있으면 그 주변에는 꼭 숲이 있고 나머지는 농토로 이용된다. 독일에서 그 옆 나라인 프랑스로 들어가면 갑자기 숲은 사라지고 마을과 농토만 나타난다. 이것이 독일과 프랑스 사이의 차이다.

옛날 로마의 장군 율리우스 시저가 스페인을 거쳐서 프랑스를 점령하고 라인 강변에 이르러서 숲으로 뒤덮인 독일 땅을 건너다보고는 그냥 되돌아갔다는 이야기가 그의 전쟁일기에 나온다. 당시 스페인이나 프랑스와는 달리 독일은 문화라고는 찾아 볼 수 없는 울창한 숲 속에 살고 있었기에 후진적(야만적)인 독일인들을 점령해 봐야 약탈할 것은 아무것도 보이지 않았기 때문이다.

그때부터 독일 민족은 스스로를 숲의 민족이라고 생각했고, 숲을 숭배하는 관습들이 있었다. 그래서 그들은 마을 가까이에는 숲이 있어야 한다고 여기고 그 숲에서 산책을 하거나 여가를 보내는 것을 가장 기뻐한다. 따라서 독일인들에게 숲은 그들의 삶과 밀접하게 연결되어 있다.

제2차 세계대전 이후 많은 숲이 황폐화되었다. 하지만 전후에 독일인들은 열심히 연구하여 지역에 따른 적절한 수종들을 골라서 식목을 했기 때문에 지금은 어디나 울창한 숲을 이루고 있다. 따라서 독일에는 자연림은 알프스 지방의 높은 산악지대에나 더러 있고 평지들에는 인공림이 조성되어 있다. 독일 어디를 가든지 지역에 따라 동일한 수목이 자라고 있고 심은 연도에 따라서 크기가 다를 뿐이다. 독일인들은 나무의 높낮이에 따라서 일정한 나무로 구성된 숲을 가리켜 3학년 혹은 10학년이라고 한다.

독일 정부는 숲을 가꾸는 일에 많은 노력을 기울이고 투자도 많이 하며 거기서 일하는 사람들의 대우도 좋다. 그래서 해영이와 그의 친구는 숲을 가꾸는 산림감수가 되어 보려고 했다. 그런데 해영이가 그 나무학교에 나가서 작은 통나무들을 옮기는 실습을 하고

3일째 되는 날 집에 돌아와서 보니 허리에 대상포진이 생겼다. 그동안 힘든 일을 하지 않다가 나무 나르는 일 같은 힘든 작업을 하니 대상포진이 발병한 것이다. 대상포진은 대체로 혁대를 매는 허리둘레에 바이러스에 의해서 발병하는 것으로 심한 통증을 수반하지만 제때 약을 쓰면 곧 치료가 된다.

이 병을 며칠간 앓고 나서 해영이는 그 실습을 포기했고 자기 진로를 의학과로 확실하게 결정했다. 그리고 상급 단계에 올라가서는 졸업시험에서 좋은 성적을 얻기 위해 열심히 공부했다.

김나지움의 상위 단계

독일의 교육제도에서 김나지움의 상위 단계Gymnasiale Oberstufe
는 김나지움과 직업 김나지움 그리고 종합고등학교 상급학년의 마
지막 단계로서 이 단계를 거쳐서 졸업시험Abitur으로 나가게 되는
단계를 말한다. 김나지움에서 마지막 2년 동안의 상위 단계는 1972
년 7월 7일 독일 각 지방의 문화성 장관들의 협의회에서 최종 의결
되었다. 따라서 김나지움에서 12학년에 올라가면 학생들은 기본 과
목들Grundkurse과 성과 과목들Leistungskurse 등 두 가지 범주로
짜인 교육을 받는데 이때부터 받은 성적이 대학 입시에 반영된다.

기본 과목들은 기본적인 학문적 사고와 연구방식들을 소개하고
학과목의 기본적인 문제들과 내용들을 다룬다. 이 과목들을 일반적
으로 1주일에 2~3시간씩 공부한다. 성과 과목들은 학생들이 대학
에 가서 전공할 학과를 고려하여 대체로 3개의 과목을 선택하여 5
시간씩 집중적으로 공부하게 된다. 예를 들어서 인문학을 공부할
학생들은 어학이나 문학 등을 성과 과목으로 택하고 의학이나 이공
계를 공부할 학생들은 물리나 화학 등을 성과 과목으로 택한다. 우
리 아이들은 처음부터 의과대학에 갈 결심이었기 때문에 물리와 화
학 외에 다른 한 과목을 성과 과목들로 선택해 공부했다.

졸업시험Abiturprüfung은 우리나라로 치면 대학수학능력시험
에 비유할 수 있지만 그 시험을 교육부 같은 국가기관이 관장하지

않고 개개 김나지움에서 관장한다. 그래서 한국인 학부모들이 공부를 잘하지 못하는 아이들이 다니는 프랑크푸르트 시내에 있는 엘리자베스 김나지움에 보내서 그곳에서 더 좋은 졸업시험 성적을 받으려고 했던 것이다. 우리나라의 도덕감정으로는 감히 상상할 수 없는 제도다.

이 시험은 선택한 기본 과목들과 성과 과목들에서 필기시험과 구두시험을 보며 거기서 최고 점수 1점으로부터 5점까지 받게 된다. 성과 과목들의 경우 성적을 기본 과목들의 3배로 계산해 준다. 따라서 성과 과목에서 성적을 잘 받는 것이 무엇보다도 중요하다. 대학에서 경쟁이 심한 의학과나 컴퓨터 전공 학과들은 1 내지 1.5 이하를 받아야 입학할 수 있는데 한 반 약 20명 가운데 평점 1점이나 1.5 이하를 받는 학생은 한두 명 정도밖에 나오지 않는다. 어떤 때는 한 명도 나오지 않는 경우도 있다.

김나지움 졸업선물, 운전면허증과 탄츠 슐레

독일에서 김나지움 졸업 때가 가까워 오면 대부분의 학부모는 자녀들에게 두 가지 선물을 한다. 하나는 그들에게 운전면허증을 따게 해서 앞으로 사회생활을 하는 데 필요한 조건을 충족시켜 주는 것이다. 그리고 모든 부모는 사교생활에서 기본적으로 필요한 사교춤을 배우게 한다.

김나지움에 다니는 아이들이 13학년에 올라가면 대개 그들의 나이는 18세가 되어 성인이 된다. 성인으로 사는 데 필수조건은 우선적으로 자동차를 운전할 줄 알아야 한다. 그래서 독일의 학부모들은 자녀들에게 성인이 되자마자 운전면허증을 선물하고 가능하면 자동차도 사준다.

운전면허증은 우선 운전학교에 등록하여 이론과 실습 교육을 마치고 나서 시험에 합격하면 취득할 수 있다. 등록비와 이론교육비 약 150마르크와 함께 시험을 보기 위한 운전 실기는 젊은 학생들의 경우 약 20시간을 실습 받는데 시간당 50마르크로 1,000마르크 정도가 들었다. 따라서 20대 전후의 젊은이들은 1,300~1,500마르크를 써야 운전면허증을 딸 수 있었다. 물론 나이가 많을수록 나이에 비해 더 많은 실습시간을 가져야 한다. 40대가 운전면허증을 따려면 약 40시간을 운전 실습에 투자해야 한다.

여유가 없었지만 미영이에게는 이리저리 모아서 운전면허증을 따게 했고 탄츠 슐레도 졸업하게 했다. 사업차 자주 독일에 와서 큰 카드회사 호른Horn과 거래를 하던 김근호 사장은 미영이의 통역 도움을 여러 차례 받았다. 미영이가 졸업한다는 소식을 들은 그는 선물로 5,000마르크를 주고 갔다. 우리는 좀더 보태서 낡은 디젤차 골프를 미영이에게 사주었다.

그런데 1년이 지나자 해영이도 김나지움을 졸업하면서 운전면허증을 따고 싶다고 했다. 그때 우리에게는 그럴 만한 여유가 없었다. 아무리 궁리해 보아도 1,500마르크를 구할 길이 없었다. 그런데 그 돈을 운 좋게 구할 수 있었다. 어느 초겨울 날 눈이 살짝 내린 오후 주차장에 주차해 두었던 우리 자동차 옆에 어떤 사람이 주차를 하다가 미끄러져서 우리 차의 두 문짝을 파손했다. 사고를 낸 사람은 문짝을 수리할 비용을 청구하라면서 자기 명함을 주고 돌아갔다.

그때 마침 우리 아래층에 살고 있던 회셀바르트Hoeselbart 씨가 그 광경을 보고 있다가 우리에게 다음과 같은 제안을 했다. 우리 차가 꽤 오래된 낡은 차이기 때문에 정비소에 가서 새 문짝으로 교환하는 것보다 동네 근처에 있는 폐차장에 가서 그 모델의 중고차 문짝들을 싸게 사서 달라고 했다. 그렇게 하려면 정비소에 가지 말고 자동차사고 감정사KfZ-Gutacter에게 부탁해서 수리하는 데 들어갈 비용을 산출하게 하고 그 돈을 사고를 낸 사람에게 청구해서 수리하면 된다는 것이다.

우리는 자동차사고 감정사에게 전화를 걸어 감정鑑定을 부탁했다. 그는 부서진 우리 차 두 문짝의 수리 비용으로 문짝당 2,000마르크씩 계산해서 4,000마르크를 제시했다. 그 계산서를 상대방에게 보냈더니 며칠 지나서 그의 보험회사에서 우리에게 4,000마르크를 송금해 주었다.

나는 해영이를 데리고 폐차장에 가서 폐차된 동종의 자동차 문짝을 하나에 50마르크씩 두 개를 샀다. 기술자에게 부탁했고 30분 정도 작업을 해 수리를 완료했다. 교체 비용으로 100마르크를 지불했다. 같은 색의 문짝을 다니 자동차가 이전 것보다 더 새것처럼 보였다. 우리는 뜻밖의 사고로 4,000마르크를 받았고 200마르크의 수리비로 더 새로운 자동차를 갖게 되었다. 차를 고쳐서 돌아오니 아내와 딸도 큰돈이 생겨서 좋아했고 아들도 운전면허를 따게 될 것을 기뻐했다.

해영이는 자동차 사고로 번 돈으로 약 2,000마르크를 들여 운전면허증도 따고 탄츠 슐레도 졸업했다. 그는 이러한 뜻밖의 경험을 통해서 운전면허증을 따고 나서는 나에게 이렇게 물었다. "이렇게 횡재를 한 것은 아빠가 하나님 일을 하는 목사여서일까요 아니면 우리 집이 가난해서 하나님이 도와준 것일까요?" 나는 이렇게 대답했다. "그 두 가지 다일 거야. 그러나 중요한 건 너에게 앞으로 정직하게 살아가라는 뜻일 것이고."

미영이의 의과대학 입학

딸 미영이는 9년 동안 다녔던 지엔 김나지움을 졸업하는 아비투어 시험을 보았다. 아비투어는 독일이나 핀란드에서 2차 교육을 마칠 때 보는 시험이다. 아비투어의 공식 명칭인 'Zeugnis der allge-meinen Hochschulreife'는 '대학입학 종합자격' 또는 '고등교육 전체적 완성도 자격' 시험이다. 한국처럼 국가가 장악해서 동일한 시험지로 같은 날 일제히 시험을 보는 것이 아니라 개개 김나지움이 독자적으로 시험을 주관한다.

한국에서는 정부가 일률적으로 시험 문제를 내고 경찰관 입회하에 전국으로 수송하여 경찰이 밤새도록 시험지를 감시하고 시험장에서도 엄격한 통제를 한다. 개개 고등학교에 수능시험을 맡기면 그 공정성을 믿을 수 없기 때문일 것이다. 그러나 아비투어 시험은 개개 고등학교에 맡긴다. 따라서 김나지움의 질적 차이가 있어서 아비투어 성적은 한국처럼 공평하다고는 볼 수 없다. 그러나 아비투어 성적의 공평성에 대해서는 누구도 문제를 제기하지 않고 그 제도를 손보아야 한다는 목소리도 없다. 아무리 질이 나쁜 김나지움에서 좋은 성적으로 대학에 입학해도 학생이 실력이 없으면 대학에서 퇴출되거나 더 오랜 기간 대학을 다녀야 한다.

미영이는 많은 노력을 해서 좋은 성적을 받았다. 미영이는 아내와 함께 다니며 10여 개 의과대학에 입학원서를 제출했다. 기다리면 어느 대학에서든 입학 여부의 통지가 온다. 한편, 의대 입학이 불가능할 것을 대비하여 미영이는 프랑크푸르트 대학교 생물학과에도 지원서를 보내 두었다. 그런데 10월이 다 되어 새 학기가 시작되어도 어느 의과대학에서도 합격통지서가 오지 않았다. 실망한 미영이는 할 수 없이 프랑크푸르트 대학교 생물학 강의시간에 참여하기 시작했다.

그런데 일주일쯤 지난 어느 날 오후에 기센Gießen 대학교 의과대학에서 전화가 왔다. 의과대학에 자리가 하나 생겼으니 원한다면 그 자리에 받아 주겠다는 것이다. 우리 모두는 환호성을 질렀고 다음날 학교를 찾아가 등록을 마쳤다. 낙망해 있던 미영이는 기뻐했고 자기가 원하는 공부를 하게 되니 생기가 돌았다. 어쨌든 우리 식구 모두에게는 기쁜 일이었다. 독일에서도 의사가 되면 전문직으로서 자리도 보장되고 수입도 높은 편이다. 사회적으로도 존경을 받는다.

입학을 했지만 숙소가 문제였다. 기센에다 기숙사나 집을 갑자기 얻는 것은 쉽지 않았다. 한 달 정도는 내 친구가 사준 골프 자동차로 통학을 했지만 거의 50Km나 되는 거리를 매일 차로 다니는 것은 쉬운 일이 아니었다. 여기저기 독일 목사 등 친지들을 통해서 알아보아도 집 얻기는 쉽지 않았다. 그래서 할 수 없이 학생들이 집 한 채를 통째로 얻어서 방들을 나누어서 살고 있는 이른바 주거공동체 Wohngemeinschaft로 들어갔다. 남녀 학생 10여 명이 각기 방 하나씩을 차지하고 사는데 부엌이나 화장실, 욕실 등은 공동으로 사용했다. 당시 독일의 대도시들에서는 주택난에 시달리던 젊은이들이 비어 있는 집들을 강제로 점령하여 공동생활을 했는데 그것도 주거 공동체라고 불렀다.

해영이의 졸업식과 의과대학 입학

아들 해영이도 지엔 김나지움에서 좋은 점수를 받았다. 전체 학생 중 2등으로 졸업했다. 졸업식에 참석하니 졸업식은 미영이 때처럼 진행되었다. 큰 강당에 한국에서처럼 졸업생들과 학부모들이 따로 앉지 않고 학부모들과 학생들이 뒤섞여 앉는다.

시간이 되니 사찰Hausmeister이 나타나 큰 소리로 질서를 잡아 놓고 곧 졸업식이 시작한다고 선언한다. 그러고는 강당 앞에 팔짱을 끼고 서 있다. 교장이나 선생님들은 어디에 앉아 있는지 보이지 않았다. 그러자 잠시 후 일단의 남녀로 구성된 졸업생들이 나타나 연극을 시작했다. 그들이 젊은이 말로 빨리 말해서 잘 알아들을 수 없었으나 딸에게 물어보니 선생님들을 놀리는 내용이라고 했다. 어떤 선생님이 예쁜 여학생에게는 점수를 많이 주었다고 고발하기도 했다. 대학에서도 여학생들이 좋은 점수를 얻기 위해서 교수에게 애교를 부린다는 말이 있다.

연극이 끝나자 교장이 나와서 자기가 이번 학기에 은퇴하기 때문에 강연을 하나 하겠다고 선언했다. 졸업생들은 일제히 휘파람을 불고 소리를 지르며 그만두라고 한다. 여기저기서 교장을 향해 '나치'라고 소리 지르는 학생들도 있었다. 교장은 조용해지기를 고집스럽게 기다렸다 다소 조용해지자 미안하지만 은퇴하면 자기 생각을 말하지 못하기 때문에 강연하는 것이니 양해해 달라고 부탁했다.

그의 강연은 요즘 국가는 통치는 없고 정파 간의 조정만 시도하기 때문에 국가의 효율성이 떨어지고 의회에서는 정쟁만 벌어진다고 비판하는 내용이었다. 강연 도중에 여러 차례 '나치, 신나치' 하는 외침이 학생들 사이에서 들려왔으나 그는 약 20분간의 긴 강연을 끝까지 밀고 나갔다. 가톨릭 고등학교의 교장다웠다.

강연을 마치고 났으나 박수 치는 학부모나 학생은 거의 없었다. 그래도 만족한 그는 웃으면서 개인적으로 졸업생 두 명에게 선물을 주겠다고 했다. 그는 점수 1.1로 1등을 한 학생을 앞으로 나오게 했다. 약간 병약해 보이는 독일 학생이 조용히 일어나 앞으로 나가자 학생들은 일제히 '스트레버Streber'라고 소리 질렀다. 독일 학교에서 노력하는 자를 뜻하는 '스트레버'라는 말은 일종의 '공부벌레'라고 놀리는 말이다. 그는 부끄럽고 위축된 태도로 교장 앞으로 나갔고 교장은 책을 한 권 그에게 주었다. 그러자 학생들 가운데서 놀리는 듯한 소리들이 여기저기서 튀어나왔다

이어서 해영이가 호명되었다. 아들은 못마땅하다는 듯이 느릿느릿 일어서더니 학생들을 뺑 둘러보고는 손을 흔들면서 천천히 교장 앞으로 나갔다. 학생들과 친구들은 야단이었다. 그는 천천히 교장 앞으로 나가 인사도 없이 삐딱하게 서서 교장이 주는 똑같은 책을 받아서 번쩍 들고는 소리쳤다. "요리책이다" 하고 소리 지르고는 그 책을 높이 들어 보였다. 그러자 학생들과 그의 축구 친구 패거리들은 다 일어서서 굉음을 질러대고 박수를 치고 야단이었다. 우리는 훌쩍 커버린 아들과 그에 대한 학생들의 반응을 보고 놀라기도

했고 한편으로는 기쁘기도 했다. 한국에서 온 아들이 독일 학교에서 공부도 잘했지만 친구들과도 잘 사귀었다는 게 자랑스럽기도 했다.

그렇게 상장 수여나 졸업식 노래도 없이 졸업식이 끝나자 그 앞에 장승처럼 서 있던 사찰이 큰 소리로 졸업식 마감을 선언하고 "운동장에 프랑크푸르트에 제일 큰 맥주회사 헤닝거 맥주Henninger Bier에서 맥주와 통닭을 졸업 선물로 가져왔으니 많이들 먹으라"고 했다.

천천히 강당을 빠져나와 운동장으로 나오니 울긋불긋 치장한 여섯 마리 말이 끌고 온 마차 위에는 커다란 맥주 통이 실려 있고 그 옆에서는 통닭을 굽고 있었다. 맥주회사가 장래의 고객들에게 미리 한 턱 내는 것이었다. 우리는 해영이 친구들과 그 부모님들과 인사를 나누고 통닭을 먹으며 맥주를 마음껏 마시고 집으로 돌아왔다. 뻐근하고 재미있는 졸업식이었다. 한국에서의 딱딱한 졸업식과 비교해 보면 우리도 무언가 많이 바뀌어야 한다고 생각했다.

해영이는 좋은 성적을 받아서 의대 입학에는 문제가 없었다. 그는 프랑크푸르트, 하이델베르크, 마인츠 대학 등 3개 의대에만 원서를 제출했는데 내심 아빠인 내가 다니던 하이델베르크 대학에서 공부하기를 원했다. 입학 원서를 제출한 대학 중 그는 마인츠 대학에서 입학 허가 통지서가 와서 그 대학 기숙사에 들어갔다. 마인츠 대학은 프랑크푸르트에서 70여Km 떨어진 라인란드 주의 수도에 있다. 원래 그 대학은 그곳을 점령하고 주둔하고 있던 프랑스 군 막사였는데 지금은 대학 건물로 사용하고 있다.

의대생들이 치르는 시험

미영이와 해영이는 입학하고 2년 뒤에 치르는 가장 어려운 시험인 피지쿰Physikum을 단번에 통과했다. 이 시험은 의대생 반 이상이 떨어지는 시험으로 이 시험을 통과하는 것은 앞으로 의학 공부를 계속해서 의사가 되느냐 아니면 의대를 그만두느냐 하는 갈림길이다. 우리는 미영이에 대해서 걱정을 했으나 그도 열심히 공부했는지 아무 어려움 없이 합격했다. 몇몇 한국에서 유학 왔거나 독일에서 태어난 학생들 중 의학 공부를 하는 아이들이 이 시험에서 대부분 어려움을 겪었고 보름스에 살던 교민의 딸과 마인츠에 살던 한국인 2세는 의학 공부를 하다가 이 시험을 통과하지 못해서 중도에 그만두고 말았다.

의학도들은 그 다음 두 번째 의사시험을 실무를 쌓는 공부가 끝나면 치르게 되는데 6년의 공부 후에 진짜 결판이 나는 시험이 주어진다. 즉 3단계에 걸친 시험을 1주일 동안 보는 것이다. 필기시험과 구두시험 사이에 대개는 몇 주가 걸리는데 그 다음에 마지막 시험이 온다.

필기시험은 약 320개 포괄적 주제에 대한 시험으로, 시험이나 테스트 등에서 사용되는 기술을 말한다. 하나의 질문에 대해서 여러 개의 미리 제시된 답 가운데 하나의 답을 택하는 것을 말한다. 이러한 시험을 3일 동안 매일 5시간씩 치러야 한다.

구두시험은 이틀 동안 계속해서 치른다. 의대에서는 '피지쿰'이라는 중요한 시험 이후에도 3번의 시험을 치러 통과해야 의사자격증이 주어진다. 이 4가지 시험 중 어느 하나라도 떨어지면 시험을 다시 준비해서 치러야 하기 때문에 의대 공부가 10년 그 이상이 걸리기도 한다.

우리 아이들은 어느 시험에도 떨어지지 않아서 약 8년 만에 의대를 졸업하고 의사가 되었다. 물론 그 후에도 수련의 과정은 남아 있었다.

제3부

프랑크푸르트 하늘 아래

라인마인 한인 교회 목회

한인 교회 담임목사가 되다

연구 주제를 정하고 연구에 매진하던 차에 또 다른 도전이 왔다. 라인마인 지역 한인 교회의 한인 목사가 갑자기 목사직을 사임해서 급하게 담임목사가 필요하니 나더러 그 직무를 맡아 달라는 연락이 왔다.

독일의 한인 교회들은 박정희 정권 시절인 1964년도에 간호사들과 광부들을 외화벌이 일꾼으로 독일에 파송하면서 생겨나기 시작했다. 이들 한인 일꾼들은 전체 독일에 흩어져서 일했는데 교회들은 5개 권역으로 나누어 성립되었다. 북쪽에서 함부르크와 그 주변 지역, 독일 중북부에 있는 도시들과 탄광들이 많은 루어Ruhr 지역, 프랑크푸르트를 중심으로 한 라인마인Rhein-Main 지역, 독일 남부에 있는 슈투트가르트와 뮌헨 지역 그리고 베를린 지역 등이 그것들이다.

이들 한인 교회들은 거의 자발적으로 조직되어서 처음에는 독일에 와서 공부하던 성직자들과 신학생들이 목회자 보직을 맡아서 그들을 돌보았다. 그러다가 5년이 지나자 독일 교회는 이 교회들을 자기들 교회에 소속시키고 재정적 지원도 하기로 결정했다. 당시 한국교회협의회KNCC는 독일교회협의회EKD와 협약을 체결하여 공식적으로 장성환 목사를 목회자로 파송했다. 그러자 거기에서 이미 목회를 하던 이영빈 목사가 당장 그만두게 되어 그 후유증이 적지 않았다고 한다. 다른 지역들은 한인 목사들과 독일 지방 교회와의 관계가 다소 애매해졌다. 그러다 점차 베를린 교회는 한인 교회 목사를 독일 교회 목사와 동급으로 정하고 모든 권리와 책임을 동등하게 부여했다. 나머지 지역들은 독일 지역 교회Landeskirche의 소속 단체인 사회봉사국Diakonisches Werk에 한인 교회 목사들을 소속시킴으로써 베를린보다는 다소 낮은 지위를 부여했다.

나는 목회하러 독일에 온 것이 아니라 유학생으로 왔기 때문에 만일 내가 목회자 직무를 맡는다 해도 독일 교회와 한국 교회의 승인을 받아야 했다. 이때 마침 한국교회협의회 총무인 김관석 목사가 업무협의차 독일을 방문하고 있었다. 그를 만나서 상의했더니 그는 흔쾌히 허락해 주었고, 독일 교회가 승인하여 1977년 7월에 라인마인 지역 한인 교회에 담임목사로 취임하게 되었다. 이것이 가능했던 것은 내 지도교수였던 퇴트 교수도 한인 교회 목회는 대학 교회에서 외국인 목회를 하는 것보다 수월할 것이라고 생각했기 때문이다. 그는 프랑크푸르트 크리스투스교회에서 열린 내 취임식에까지 친히 찾아와서 축하 인사와 함께 칼 바르트의 두 권으로 된 책 『19세기 신학』(The Theologie in 19 Jahrhundert)을 선물로 주었다.

취임 예배에는 네 지역에 있는 한인 교회 목사들과 평신도들 그리고 다수의 외국인 친구들이 찾아와 취임을 축하해 주고 격려해 주었다. 6년이나 된 프랑크푸르트 한인 교회에는 약 130명의 교인이 있었으나 장로도 집사도 없었고 도대체 교회의 리더가 없었다. 취임식을 하는데 그들은 완전히 방관자가 되었고 누구 하나 나서서 손님들을 안내하거나 접대하거나 인사말을 하는 주인이 없었다. 그들은 손님이 되어 취임식이 끝나자 다들 사라지고 없었다.

많은 동역자 중에서 기억에 남는 사람들은 광산 지대인 루어 지방에서 목회하던 복음교회 파송의 장성환 목사, 슈투트가르트에서 목회하던 예장 파송의 김종렬 목사, 독일선교부에 협동목사로 와 있던 일본 교단 목사인 무라카미 목사, 하이델베르크에서 같이 공부하던 스즈키 목사 등이다. 그들은 새로운 목사 집에 필요로 하는 냄비 등 다양한 가재도구를 선물로 가져왔다.

나는 아직 프랑크푸르트로 이사하기 전이어서 참석했던 손님들 가운데 남아 있던 30여 명을 100Km나 떨어진 하이델베르크 에펠하임으로 초청했다. 비좁은 기숙사에서 라면파티를 하면서 늦게까지 보내다가 일부는 먼저 돌아가고 일부는 좁은 집에서 같이 지내고 돌아갔다.

이때 무라카미 목사(후에는 동경여자대학교 교수가 됨)는 한국 사람들의 끈끈한 정과 나눔의 정신을 보고는 모래같이 흩어져 사는 일본인으로서 깊은 감명을 받았다고 했다. 그는 독일에 체류하는 동안 동아시아선교회Ostasien Mission 이사로 일하면서 나와 늘 깊은 우정을 나누었다. 그는 후에 내가 한국에서 창립한 한국본회퍼학회에 와서도 강연을 했고 또 내가 세미나나 학술 발표를 위해서 일본에 가면 늘 형제애로 맞아 주었다.

프랑크푸르트로 이사

프랑크푸르트 한인 교회 목사로 취임한 후 2주가 되어서 우리 가족은 프랑크푸르트로 이사를 했다. 이삿짐은 간단했기 때문에 독일 교회 신세를 지지 않고 대학에서 빌려주는 자그마한 짐차(봉고차 같이 뒤 칸에 포장을 씌운 작은 트럭)를 빌려서 두 번에 걸쳐 260Km를 왕복해서 이삿짐을 날랐다. 독일 대학들에는 학생 복지 차원에서 학생들의 이사를 돕기 위해서 작은 트럭 몇 대를 학교에 비치해 놓고 무료로 빌려주고는 휘발유만 채워 넣게 하는 제도가 있었다.

우리가 살 집은 프랑크푸르트 북쪽에 있는 자그마한 거주지 프랑크푸르트 노드Frankfurter Nord에 있는 4층짜리 서민주택Sozial- wohnung 2층으로, 143평방미터에 방 6개가 있는 비교적 큰 집이었다. 이 사회 주택은 교회가 임대받아서 교회 목사가 아닌 다른 직무에 근무하는 목사들이나 직원들의 주택으로 사용하고 있었다. 그런데 7~8월이라 독일 도배장이들이 모두 휴가를 가버리는 바람에 우리는 교인들의 지원을 받아서 여섯 개나 되는 방을 도배하고 이사를 했다.

독일은 주택이 완전히 수리되어 있는 상태에서 이사를 들어가도록 법으로 정해 있기 때문에 이사 나가는 사람은 그 주택의 상태를 자기가 이사 들어올 때와 똑같이 복구해야 한다. 만일 짧은 기간만 살다가 이사 나가는 경우 주택을 수리할지 아니면 수리하지 않아도 될지를 평가회사에 의뢰해서 판단 받아야 한다. 만일 이사 나가는 사람이 주택 상태가 깨끗하다고 생각해도 평가회사가 수리해야 한다고 판정하면 수리해 주어야 한다. 따라서 우리는 수리되어 있지 않은 주택으로 이사 와서 스스로 도배를 하고 들어왔기 때문에 이사 나갈 때 원상 복구할 필요가 없게 된 것이다. 이렇게 독일에서는 모든 삶의 분야에서 제도화되어 있기 때문에 그 제도를 따르면 어지간한 사회적 갈등은 피할 수 있다.

이사 간 건물은 단독주택이 아니라 4층짜리 아파트였다. 우리가 살 집은 2층이어서 공동주택의 단점들을 갖고 있었다. 어디서나 그렇지만 독일에서도 공동주택은 정원이 딸린 토지 같은 것이 없다. 그래서 독일 정부는 이러한 공동주택에서 정원이나 텃밭이 없이 답답하게 사는 사회적 약자들을 위해 일정한 공유지에 자그마한 전원 Klein Garten을 지어서 주말농장처럼 사용할 수 있게 했다. 그 주말 주택을 당시 1년에 약 200마르크에 분양해 주고 있었다. 가구당 대지는 100~150평 정도에다 전원주택Klein Gartenhaus을 지어서 금요일 오후부터 일요일 오후 늦게까지 지내도록 해준다. 독일 노동자들은 주 5일제 근무를 하기 때문에 금요일 점심이 끝나면 퇴근하여 바로 주말농장으로 가서 토요일과 일요일을 지내고 일요일 늦게 집에 와서 자고 월요일에 출근한다.

우리 집 앞에는 400여 채의 전원주택이 들어서 있었다. 월요일부터 금요일 오전까지는 비교적 조용하고 다만 은퇴한 노인들만 가끔 전원주택에 와서 지내지만 금요일 오후만 되면 많은 사람이 퇴근

해서 그곳으로 오기 때문에 이때부터 사람들로 붐빈다. 이 전원에는 대개는 한두 그루의 과일나무(사과나무나 배나무 등)를 심고는 남은 땅 절반에는 각종 채소들을 심고 그 나머지 절반 정도에는 여러 가지 꽃을 심는다. 그래서 여름이 되면 이 전원들은 꽃으로 뒤덮여서 참으로 아름답다. 하루는 정원사들을 초청하여 어느 전원이 제일 잘 가꾸었는가를 평가하여 시상을 하기도 한다. 만일 그 전원을 아름답게 가꾸지 않거나 전혀 돌보지 않으면 그 전원에서 퇴출을 당한다.

우리는 그 전원에서 지내는 사람들과 친하게 되어 가을 수확 철이 되면 사과나 배 같은 과일과 함께 감자나 상추 같은 것들을 선물로 받기도 했다. 아파트 같은 정원도 없는 단조롭고 폐쇄된 구조에 사는 사람들의 복지를 위해서 지자체들은 독일 거의 어디서나 이러한 자그마한 전원주택들을 만들어서 가난한 사람들에게 저렴하게 분양해 준다.

라인마인 지역 목회생활

헤센Hessen 주에 속하는 라인마인 지역에 있는 한인 교회는 3개의 지역 교회로 구성되어 있다. 제일 큰 모교회라고 할 수 있는 프랑크푸르트에 있는 한인 교회, 그 다음으로 큰 교회는 헤센 주의 수도인 비스바덴과 라인 강 건너편에 있는 라인란드Rheinland의 수도인 마인츠에 사는 한인들을 위한 교회 그리고 라인팔츠Rhein-Pfalz에 있는 루터의 거대한 종교사적지가 있는 보름스Worms의 한인 교회 등이다.

한인 교회들은 그곳 독일 교회를 빌려서 예배를 보는데 이것은 한국교회협의회와 독일개신교협의회 사이의 협약에 따른 것이다. 이렇게 독일개신교협의회와 한국교회협의회 사이의 협약으로 당시 일했던 이들은 앞서도 언급한 노드라인베스트팔렌Nordreihn-westfalen 지방의 장성한 목사, 베를린에 정하은 목사, 함부르크에 박명철 목사, 슈투트가르트에 예장에서 왔던 김종렬 목사 등으로 이루어졌다. 우리는 한인교회협의회를 조직하여 매년 돌아가면서 회장을 맡고 회지도 매년 2회씩 발간했다.

프랑크푸르트 한인 교회에는 약 80가족 120명 정도가 예배에 참석했다. 이 교회의 교인들은 대개는 1960년대에 독일에 온 광부들과 간호사들로 가정을 이룬 사람들이지만 상업과 무역도시인 프랑크푸르트에는 한국 대기업들의 지사들이 파견되어 있어서 상사

주재원들과 그 가족들도 예배에 많이 참석했다. 그리고 프랑크푸르트 대학과 음악대학에 유학 와 있는 학생들과 그 가족들도 상당수 교회에 나왔다. 따라서 교인들의 구성원은 간호사들과 광부들이 부부를 이룬 가정들, 유학생들과 그 가족들, 한국 상사들의 지사들의 가족들로 구성되었다.

내가 목회하면서 다소 진보적이고 반정부적 설교와 활동을 하는 것으로 알려지자 상사 직원 가족들의 수는 줄어들고 유학생들이 많이 늘어나서 마지막에는 그들이 교회에서 주도적 역할을 했다. 몇 년 지나자 감리교회, 순복음교회 등 보수적 교단 목사들이 들어와 독일 교회와 협력 없이 목회를 시작하자 보수적 교인들은 거기로 갔다.

프랑크푸르트의 한인 교회는 프랑크푸르트(괴테) 대학 건너편에 있는 그리스도의 교회Christuskirche에서 예배를 드렸다. 도시 중심부에 위치한 이 교회는 신도 숫자가 줄어들자 약간 도시 외곽에 위치한 자매 교회인 임마누엘Immanuel 교회와 같이 예배를 드렸으나 그리스도의 교회가 외국인 교회인 한국인 교회와 세르비아 정교회와 더불어 에큐메니칼 협력을 위해서 한 건물을 수리해서 같이 예배를 드리게 되자 임마누엘 교회는 프랑크푸르트에 사는 미국인 루터교인들과 같이 예배를 드리고 있었다.

주일날 독일인들은 10~15명 정도의 노인들이 예배에 참석했기 때문에 그들은 교회당 제단 위 2층의 작은 방에서 예배를 드렸고 150명 정도가 출석하는 우리 한인 교회는 교회 뒤편 2층에 있는 약간 큰 방에서 예배를 드렸다. 그리고 제일 큰 대예배실에서 가장 많

은 숫자가 참석하는 세르비아 정교회가 예배를 드렸다. 독일 교회는 대개 10시에 예배를 드렸고 한인 교회는 11시에 예배를 드렸으나 세르비아 정교회는 9시부터 12시까지 3시간 동안이나 초대교부 요한 크리소스토무스Johann Chrisostomus(349년경~407년)의 긴 의식에 따라서 예배를 드렸다. 그들은 의자도 없이 서서 3시간 동안이나 예배를 드렸기 때문에 교인들이 밖에 나와서 쉬기도 하고 담배도 피워댔다.

가끔 예배도 같이 드리고 프로그램도 같이 진행했으나 세르비아 정교회의 의식에 따라서 긴 예배를 드려야 했기에 공동으로 예배드리는 일은 쉽지 않았다. 세미나 같은 것을 함께 준비했지만 역시 세르비아 정교회 사제나 교인들의 독특한 사고방식과 생활방식으로 인해서 애로가 많았다. 그래서 공동예배와 공동 프로그램은 독일 교회와 한인 교회 사이에서만 자주 진행되었다.

매주일 오전 11시에 프랑크푸르트에 있는 한인 교회의 예배를 드리고 나서 오후 3시경에는 마인츠 카스텔Mainzer Kastel로 가서 비스바덴과 마인츠에 사는 한인들을 위해서 예배를 드렸다. 오후 4시에는 비스바덴과 마인츠는 각기 나누어 예배를 드렸으나 거리가 가까워서 마인츠 카스텔에 있는 구속자의 교회Erlöserkirche에서 합쳐서 예배를 드렸다. 이 교회는 도시산업운동의 선구자였던 말리노프스키Malinopsky 목사가 목회하던 교회로 말년을 비스바덴에서 보냈던 반나치 투사 마르틴 니묄러Martin Niemöller 목사도 출석하던 교회로 유명했다. 이 교회에서는 우리 말고도 미국 흑인들이 1시부터 2시까지 예배를 드리고 있었는데 드럼을 치고 악기를 불면서 춤과 대화의 말씀으로 예배를 드렸다. 예배를 마치고는 교인들과 함께 가까이 있는 라인 강가 배 위 카페에 가서 커피를 마시며 즐거운 시간을 보내던 것이 기억에 남는다. 이 교회에는 광부와 간호사 출신들이 대다수였지만 마인츠 대학에서 유학하는 학생들과 가족들도 다수 출석했다.

프랑크푸르트에서 약 150Km 떨어져 있는 보름스 지역에서는 매주일 예배를 드리지 못하고 한 달에 한 번 금요일 저녁에 예배를 드렸다. 특히 보름스 지역에 사는 한인들은 대개는 보름스에서 멀리 떨어진 농촌지역에 살고 있는 사람들이 많았기 때문에 매주일 예배를 드릴 수 없었다.

우리는 루터의 도시 보름스에 있는 그리스도의 교회의 방 하나를 빌려서 예배를 드렸다. 김창덕 교우가 큰 집을 가지고 있어서 예배를 드리고는 대개 그 집 지하실에서 한식을 나누어 먹고 난 후 한국 음악(유행가)을 틀어 놓고 즐거운 시간을 보냈다. 이곳에 사는 한인들은 몇 가정을 제외하고는 대개가 독일인을 남편으로 둔 나이가 좀 든 간호사들이었기 때문에 그들은 젊은 사람들보다 더 향수에 젖어 있고 한국 음식과 한국말을 할 수 있는 교회에 와서 설교도 듣고 찬송도 부르면서 스트레스를 풀었다. 독일 남편들은 예배를 알아들을 수 없어서 옆방에서 맥주나 마시며 기다리다가 식사 시간에 합류했다. 특히 저녁 식사 후에는 한국에서 가져온 유행가 판에서 나오는 노래를 들으며 춤을 추면서 향수를 달랬다.

김창덕 부인의 여동생이 독일인 경찰과 결혼했는데 그는 한국 노래들을 잘 아는 디스크자키였다. 그는 예배가 끝나면 근무를 마감하고는 우리에게 즐거운 시간을 마련해 주려고 달려와서 이미자 등의 유행가를 들려주었다.

보름스 교회는 대부분 간호사들과 광부들로 독일에 파송왔다가 공부를 하고 나서 일반 직장에 취직한 사람들로 구성되어 있었다. 하지만 나머지 교인들의 성향이 많이 달랐기에 목회하고 설교하는 데는 상당한 어려움이 있었다.

첫째, 정치적 성향이 각기 다른 게 문제였다. 광부나 간호사로 독일에 오래 체류한 사람들은 매우 독일화되었고 상당히 의식화되어 비판 정신이 강한 편이었다. 유학생들도 대개는 지식인이고 독일에 와서 의식화되어서 정치적으로나 사회적으로 매우 비판적이었다. 하지만 대기업의 주재원으로 나와 있는 사람들은 대개는 교육을 많이 받은 사람들이지만 정치적으로는 보수적이었다.

둘째, 경제적으로도 계층이 갈렸다. 대기업 주재원들은 가장 상류층이었고 간호사와 광부로 이루어진 사람들은 중간층을 이루고 있었다. 그리고 아무래도 독일에 온 한국 유학생들은 미국 유학생들과는 달리 중산층집 자녀들이고 장학금을 받고 있으면서도 경제적으로 넉넉한 편은 아니었다. 장학금을 받지 못하고 아르바이트를 해서 공부하는 학생들은 경제적으로 매우 어려웠다.

유학생들이나 독일에서 오래 산 사람들은 사회비판적 설교들을 좋아하나 그 반대로 대기업 상사 직원들은 한국에서처럼 보수적 복음주의 설교를 요구했다. 내가 다소 정치비판적 설교를 많이 했기 때문에 대기업 상사 직원들은 우리 교회에 참석하지 않고 순복음교회와 같은 보수적 목사들이 목회하는 교회로 나갔다. 우리 교회가 전통 있고 또 한국과 독일의 공적 교회의 승인과 지원을 받는 교회라는 것이 알려지면서 많은 교인이 출석했지만 교인들 사이에서는 보수적 성향과 진보적 성향이 갈라져서 설교와 목회하는 데 애로가 많았다.

나는 줄타기 설교나 줄타기 목회를 피하고 나의 신념과 양심에 따라서 모든 것을 했다. "나는 이 복음 때문에 고난을 당하고, 죄수처럼 매여 있으나, 하나님의 말씀은 얽매여 있지 않습니다"(딤후 2:9). 바울이 말한 것처럼 그리고 디트리히 본회퍼 목사가 나치 치하에서 자기 신념을 토로한 것처럼 하나님의 말씀은 어떤 사상이나 이데올로기, 어떤 정치적 권세나 어떤 경제적 부에 얽매여서는 안 된다는 신념을 가지고 설교하고 목회했다.

이렇게 양심과 신념에 따라서 설교하다보니 보수적인 교인들이 많이 교회를 떠났고 그들을 모아서 새로운 교회를 하는 후배 목사들도 생겨나서 가슴이 아팠다.

스페인으로 떠난 첫 휴가

나는 1977년 7월에 목회를 정식으로 시작했다. 목회를 시작한 지 얼마 되지 않아 독일에서는 여름휴가가 시작되었다. 독일 교회 봉사국에 문의하니 25일 정도 휴가를 쓸 수 있다고 했다. 목회를 시작한 지 한 달밖에 되지 않았는데 25일이나 휴가를 쓰라니 한국에서는 상상도 못 할 일이다. 거기다 독일에서는 주 5일 동안 일하니 25일에 토요일과 주말을 더하니 휴가로 거의 35일을 쓸 수 있었다.

교인들에게 물어보니 내 선임자는 8월이 되면 한 달 동안 교회 문을 닫고 목사도 신도들도 다 휴가를 다녀와서 9월 첫 주일부터 다시 예배를 드렸다고 한다. 그런데 교인들 중 휴가를 가지 못하는 가정들도 절반 정도는 되는 것 같았다. 나는 제직회를 열고 의논하여 결정하기로 했다. 결론은 예배를 계속하기로 하고 프랑크푸르트에서는 2주 동안 김문환 씨가 설교를 하고 마인츠 비스바덴에서는 김창락 씨가 설교하기로 하고, 나는 2주 동안만 휴가를 가기로 합의했다.

집에서 쉬면서 어디로 휴가를 가야 하나 고민하고 있는데 갑자기 스페인 타라고나Tarragona에서 전동락 집사가 전화를 해왔다. 그곳에 마인츠 교인 여섯 가정이 휴가를 와 있으니 정한 데가 없으면 나도 거기로 오라는 것이다. 지도를 놓고 보니 스페인 타라고나는 스페인 카탈루냐 지방 타라고나 주의 수도이다. 바르셀로나에서 약 150Km 아래로 내려가면 나오는데 로마 시대에는 군항으로 율리우스 시저가 군함을 타고 여기서 상륙해서 스페인과 프랑스를 점령했던 군사 근거지였다. 고대 유물들이 많이 남아 있으나 바르셀로나가 발달하는 바람에 지금은 휴양도시 기능을 한다.

우리 가족은 전동락 집사의 말대로 타라고나로 휴가를 떠나기로 결정했다. 작은 자동차 위에 천막을 싣고 차 안에는 이불 등 가재도구를 챙겨 넣고 차가 밀리는 시간을 피해서 새벽 5시에 프랑크푸르트를 떠났다. 점심때쯤 스위스 제네바에서 간단히 늦은 점심을 먹고는 리용을 거쳐 몽펠레에를 지나니 벌써 해가 저물기 시작했다. 스페인으로 내려가는 프랑스의 고속도로 4차선은 거의 다 독일차로 가득 찼다. 다른 나라 자동차들은 거의 보이지 않았다. 독일과 달리 고속도로 요금을 받는 프랑스는 이 길을 지나서 스페인으로 가는 통행료만 해도 1년에 수억 달러를 벌 것 같았다.

스페인 국경을 밤중에 넘어갔다. 한 250Km 남았지만 무더위에 좁은 자동차에서 거의 3,000Km를 달려왔으니 온 가족이 파김치가 되었다. 결국 잠시 쉬었다 가자며 휴게소로 들어갔다. 휴게소 주변 잔디밭에는 더운 날씨 탓에 반나체 차림 남녀 젊은이 수백 명이 아무데나 쓰러져 자고 있었다. 아내는 자동차 뒷자리로 넘어가 누웠고 아이들은 앞좌석에 앉아서 곯아떨어졌다. 나는 할 수 없이 휴게소에 자리를 잡고 두어 시간 자는 둥 마는 둥 지내다 아침이 되어 식구들을 깨워서 간단한 요기를 하고 다시 차에 시동을 걸었다. 바르셀로나를 거쳐 타라고나에 도착하니 11시가 조금 넘었다.

전동락 집사를 만났다. 그런데 문제가 생겼다. 텐트장이 꽉 차서 자리가 없다는 것이다. 전 집사도 밖에 길가에서 하룻밤 자고 자리를 얻었다고 한다. 그런데 텐트장 안을 들여다보니 빈자리도 꽤 보였다. 전 집사는 꾀를 내서 자리 배치를 하는 젊은 청년을 밖으로 불러내서 이야기를 하더니 무언가를 그의 주머니에 슬쩍 집어넣었다. 독일에서도 일한 경험이 있다는 그 청년은 10마르크를 받고 자리를 배정해 주었다. 독일과는 다른, 스페인이기에 가능한 일이었다.

텐트장에는 뽕나무를 가로세로로 심어서 훌쩍 자란 뽕나무 네 그루를 중심으로 해서 그 사각형 안에 자동차를 세우고 텐트를 친다. 뽕나무 한 그루에는 전기가 달려 있고 그 반대쪽에는 수도꼭지가 달려 있어서 마시는 물과 식사하는 물로 사용한다. 식사가 끝나면 그릇들을 씻는 커다란 세면장도 있었고 큰 건물로 된 샤워장도 잘 갖추어져 있었다. 하루 사용하는 데 약 600원 정도니 시설에 비해서는 싼 편이었다.

우리는 텐트를 치자마자 수영복을 갈아입고 그렇게도 그립던 지중해 물속으로 뛰어들었다. 지중해와 육지를 가르는 곳에는 아름다운 타일이 깔려 있고 타일을 넘어가면 곧바로 지중해였다. 그 타일 양쪽에는 야자수들이 무성하게 자라고 있었다. 타일이 깔린 길 옆에 자동차 길이 있고 그 길 뒤로 고급 호텔들이 늘어서 있었다. 그 많은 호텔이 거의 다 독재자 프랑코Frankco의 여동생 소유라고 한다.

투우 경기 관람

이틀인가 해수욕에 정신이 팔려 있는데 타라고나에서 오후 2시에 투우가 있다고 한다. 그 유명한 투우를 이번 기회에 보기로 하고 우리는 아이들과 부부의 표를 샀다. 다른 사람들은 흥미가 없는지, 아니면 이미 보았는지 같이 갈 사람이 없었다. 도시가 작으니 우리는 걸어서 12시경에 일찌감치 투우장에 도착했다. 붉은 벽돌로 지어진 거대한 아레나는 고색창연한 것이 꽤나 오래된 것 같았다. 이전에는 사검투사와 검투사 그리고 검투사와 동물 사이의 싸움을 했으나 어느 교황의 금지로 그것이 투우로 대치되었다고 한다.

투우장 안에 들어서니 아직도 투우 시작이 2시간이나 남아 있는데 장소는 꽉 차 있었고 온갖 사전행사가 벌어지고 있었다. 2미터짜리 빵을 잘라서 나누어주기도 하는데 우리가 동양 사람들이라 가까이 와서 빵을 더 건네주기도 했다. 그런데 견딜 수 없는 것은 우리 앞에 앉은 할머니 대여섯 명이었다. 그들은 괴상한 소리를 내고 마녀들처럼 괴성을 지르면서 수시로 무리를 돌아다보고 이상한 짓을 해댔다. 다른 곳으로 갈 수도 없어서 아이들을 우리 부부 사이에 앉히고 시간만 가기를 기다렸다.

드디어 2시가 됐다. 나팔수가 나와서 나팔을 불어 투우 시작을 알렸다. 아레나는 야단이 났다. 곧이어 아래쪽 문에서 새까만 소 한 마리가 뛰어나왔다. 그의 등 한가운데는 빨간 리본이 흔들리고 있는데 아마도 나오기 전에 거기에다 소 못을 박으면서 리본을 끼워놓은 것 같았다. 소는 그 리본을 박은 쇠 때문에 고통을 당하고 있어서 화가 머리 끝가지 나서 이리저리 날뛴다. 처음 등장한 사람들은 투우 보조원들로 붉은 천을 칼에다 싸가지고 실수하는 사람이 생기면 소를 자기들 쪽으로 유도하는 역할을 한다. 그러자 3인이 각기 화살 두 개씩을 들고 나타나서 성난 소 주위를 돌면서 아까의 붉은 리본이 꽂혀 있는 자리를 겨냥하여 소를 교묘히 피하면서 그 자리에 화살 두 개씩을 정확히 꽂아 넣는다. 그러면 화살 6개가 소의 움직임에 따라서 좌우로 흔들린다. 소는 더욱 고통에 휩싸인다.

그때 말을 지푸라기 같은 것으로 방패를 삼아서 소의 공격을 피하게 무장시켜서 탄 사람이 오른손에 창을 들고 서서히 나타난다. 천천히 나오기 때문에 성난 소가 그 말의 배를 공격하면 말이 번쩍 들리기도 하고 쓰러질 뻔하기도 한다. 말을 탄 사람은 3미터쯤 되는 끝이 뾰족한 창으로 화살들이 찔려 있는 그 부분을 찌르고 후벼댄다. 소는 더욱 고통스러워하면서 말에게 달려들지만 기진맥진이다.

다시 한 번 나팔 소리가 나면서 멋지게 차려 입은 진짜 투우사가 칼에다 빨간 천을 감아서 등장한다. 청중들의 광기는 극에 달한다. 우리 앞에 앉은 할머니들은 연신 우리를 뒤돌아보는데 그 모습이 마치 마녀들 같았다. 머리를 풀어헤치고 괴성을 지르면서 우리 보고 좋지 않으냐는 것이다.

소는 이미 기진맥진 발도 제대로 떼어 놓지 못하고 거의 겨우 서 있다시피 했고 투우사는 그 주위를 맴돌면서 소를 자극한다. 한순

144

간 투우사가 로마시대에 황제들이 그랬듯이 중앙에 앉아서 흥행을 통제하는 사람을 향해서 절을 하면 그는 손에 들고 있던 흰 손수건을 땅으로 떨어뜨린다. 이제 지친 소에 마지막 일격을 가해서 죽여도 좋다는 것이다.

투우사는 소에게 더욱 가까이 가서 정면에서 소를 자극한다. 이때 소는 최후의 힘을 다해서 투우사를 향해서 달려든다. 투우사는 칼끝을 처음 나올 때 리본이 달려 있던 곳에 대고 가만히 서 있기만 하면 된다. 소가 죽을힘을 다해 투우사에게 달려가면 그 칼은 자연스럽게 자기 등을 찌르고 내장을 관통해서 아래 배까지 나온다. 그러면 소는 썩은 장작처럼 쓰러지고 관중들은 환호성을 지른다. 이것이 투우의 전 과정이다.

소가 피투성이가 되어 모래밭에 쓰러지면 사람들은 투우사에게 뭔가를 요구한다. 쓰러진 소의 귀를 잘라서 자기들에게 달라는 것이다. 난리들이다. 그러면 투우사는 못 이기는 척하면서 왼편 주머니에서 작은 칼을 꺼내서 쓰러진 소의 한쪽 귀를 잘라서 소리 지르는 쪽으로 던져 준다. 그것을 받아든 사람들은 피가 흐르는 쇠귀를 질겅질겅 씹으며 더욱 광기에 사로잡힌다.

우리 앞에 앉아 있던 할머니들도 일어나 다른 쪽 귀를 자기들에게 달라고 소리 지른다. 투우사는 거기에 응해서 다른 귀를 잘라서 우리가 앉아 있는 쪽으로 던졌다. 그런데 너무 세게 던져 할머니들을 넘어 우리 뒤쪽에 떨어졌다. 할머니들은 미친 듯이 달려가서 그것을 빼앗아 질겅질겅 씹으면서 우리 있는 쪽으로 몰려왔다. 우리는 망신이라도 당할 것 같아서 그 자리를 황급히 피해서 밖으로 나왔다. 사람들은 우리를 말리면서 아직도 9마리의 소가 남아 있다고 말했다. 구경거리가 아직 많이 남았다는 것이다. 그러나 우리는 급히 천막으로 돌아왔다. 다시는 보고 싶지 않은 동물 살육쇼였다. 지금은 투우가 금지되었다는 소식을 들은 것 같다.

홍어를 왜 썰어요?

투우장에서 돌아와 얼마 동안 쉬고 있으니 전동락 집사가 찾아와서 저녁에는 근사한 데가 있으니 같이 가자고 한다. 나는 스페인에 왔으니 집시들이 춤을 추는 플라밍고 바에 가자는 줄 알았다. 아니었다. 어둑어둑할 때 야시장에 나가자는 것이다. 거기에 가면 홍어를 싸게 살 수 있는데 저녁에 모여서 홍어회를 먹기로 했다는 것이다. 그래서 나는 몇 사람과 함께 약간 어둑어둑해져서 어시장에 나갔다.

어시장은 어디나 비슷했다. 마지막 떨이를 하느라고 장사꾼들은 큰소리로 외치면서 야단들이다. 전동락 집사가 슬슬 홍어 있는 데로 다가갔다. 그러자 스페인 장사꾼이 호객을 했다. 그는 그곳을 슬쩍 지나서 다음 가게로 갔다. 물론 거기서도 사라고 난리였다. 싸게 준다고 한다. 전 집사는 이리저리 왔다갔다 하면서 흥정을 하더니 커다란 홍어 한 마리를 10마르크(약 60원)에 샀다.

전 집사는 칼과 도마를 빌려서 홍어를 간단히 회로 먹기에 적당한 크기로 썰어놓았다. 스페인 사람들은 영문을 몰라 웅성거렸다. 왜 그림 그릴 홍어를 썰어놓느냐는 것이다. 홍어가 그렇게 싼 것은 스페인 사람들은 홍어를 먹지 않기 때문이다. 그들은 홍어를 먹지는 않고 사다가 말려서 거기다 그림을 그려서 장식으로 벽 같은 데 달아 놓는다.

그러거나 말거나 우리는 썰어놓은 홍어를 깨끗한 바닷물에 씻어

가지고 간 그릇에 담아서 텐트로 돌아왔다. 어느덧 날이 어두웠고 사람들이 맥주와 스페인 독주를 가지고 모이니 15명 정도가 되었다. 우리는 저녁 늦게까지 홍어회를 안주 삼아 맥주와 독주를 마셨다. 플라밍고 술집에 가면 비싸기만 하지 무슨 재미가 있느냐면서 한국식으로 고추장에 홍어회를 먹는 것이 최고라고 떠들면서 술을 마시자 지나가던 독일 사람들이나 네덜란드 사람들이 자기들도 한번 먹어보고 싶다고 해서 나누어 주기도 했다. 그들도 맛있단다.

이렇게 홍어회를 먹으면서 즐거운 휴가를 보내고 2주 만에 독일로 돌아왔다. 독일로 돌아오는 길도 만만치 않았다.

헤센-나사우 지방 교회 에큐메니칼 협동목사

앞서도 말했지만 라인마인 지역 한인 교회는 독일개신교협의회와 한국교회협의회 사이의 목회와 선교협약 체결에 따라 독일에 사는 한국인들을 위해서 세워진 교회다. 독일 교회는 재독 한인 교회들에게 예배당 사용 및 예산 배정 등 모든 지원과 편의를 제공해 주었다. 헤센-나사우 지방 교회Hessen-Nassauische Landeskirche는 앞서 말한 세 곳에 있는 한인 교회들의 예배 시설들을 무상으로 제공해 주었을 뿐만 아니라, 한인 담임목사의 월급과 목회활동 비용을 지불해 주었고, 나아가서 교회 운영비로 당시 약 5만 마르크(3천만 원)를 부담해 주었다. 그래서 라인마인 지방 한인 교회들은 아무런 어려움 없이 교회생활을 할 수 있었다.

라인마인 지역 한인 교회를 담당해 주었던 헤센-나사우 지방 교회 봉사사업부Diakonisches Werk의 마르틴 니묄러 목사의 아들인 변호사 니묄러 의장과 프리츠 봐이싱거Fritz Weissinger 목사는 외국인 교회들에 대해서 특별히 정성을 다해서 도와주었다. 라인마인 지역에는 한인 교회 말고도 세르비아 정교회와 그리스 정교회, 아프리카인들을 위한 교회 등이 있었는데 이들도 모두 우리처럼 독일 교회의 지원을 받았다.

여기서 특기해 두어야 할 일은 헤센-나사우 지방 교회는 그 지역의 가톨릭교회와 더불어 한인들을 위한 사회복지사를 두어서 어려움에 처한 한인들을 상담하고 지원해 주었던 것이다. 가톨릭교회의 사회복지사 사무실은 프랑크푸르트에 두었고 그 반대로 개신교 사회복지사 사무실은 마인츠에 두어서 그들이 서로 협조해서 한인들을 돕도록 했다. 사회복지사들은 독일인들과 결혼해서 고생하는 한국 여성들을 많이 지원했다. 한국 여성들의 남편들 가운데는 성질이 난폭하거나 알코올 중독자이거나 정신병에 걸린 사람들이 아내를 괴롭히는 경우가 더러 있었다. 사회복지사들은 그런 한국인 여성들이 집을 나왔을 때 임시 거처를 마련해 주거나 아니면 이혼하는 데 법률적으로 지원해 주는 일도 했다.

나는 한인 교회의 목사 일도 하면서 헤센-나사우 지방 교회의 '선교와 에큐메니칼 담당Mission und Ökumene' 부서에 속해서 그들과 같이 일을 했다. 독일 교회들은 한국 교단들과는 달리 선교부와 에큐메니칼 담당 부서를 두어 국내 및 해외 선교 그리고 해외 교회들과의 협력 사업들을 전개해 나갔다. 이 선교와 에큐메니칼 담당 부서는 해외의 파트너 교회들과 선교협약을 맺고 그들을 지원했으며, 동시에 에큐메니칼 운동의 신학과 활동들을 개개 교회의 교인들에게 가르치는 교재들을 만들고 세미나나 강연회 등을 통해서 전달해 주었다.

특히 8년에 한 번 열리는 세계교회협의회 총회의 주제와 프로그램을 전체 교인에게 소개하고 그들에게 세계의 개신교회가 어떤 일들을 하는지 숙지시키는 일을 했다. 그래서 에큐메니칼 운동을 어떤 특정 전문가들이나 교회 지도자들의 전유물이 아니고 교회의 모든 구성원이 인지하고 행동할 수 있는 사안으로 만들어 갔다. 독일의 에큐메니칼 운동은 개개 교단에 이런 선교와 에큐메니칼 기구나 담당 전문가가 존재하지 않는 한국에서처럼, KNCC에 드나드는 특정한 목사들이나 다루는 개별 사안이 아니다.

따라서 1년에 한두 번씩 열리는 전체 지방 교회가 주최하고 참가하는 선교대회에서 우리 한인 교회는 한국적인 찬송가 합창이나 무용 등을 통해서 독일 교인들에게 한국의 종교나 문화 등을 소개하는 일을 했다. 당시 프랑크푸르트 음대에서 유학하는 학생들이 중심이 된 우리 교회의 성가대는 여러 독일 교회의 초청을 받아서 노래를 했다. 특히 쾰른에 있는 대성당에서 열린 독일 정부와 교회가 주최하는 외국인의 날 행사에 참석했을 때, 당시 유학생으로 우리 한인 교회에서 같이 활동하던 이건용 종합예술학교 총장이 작곡한 '출애굽Exodus'이란 합창은 전국으로 생중계되는 독일 TV(ZDF)에서 방영되기도 했다. 그리고 우리 한인 교회의 청소년들을 중심으로 결성되었던 한국의 농악단은 독일 사회와 교회들의 행사에 초청되었으며 마인츠에 있는 지방 TV 방송에 출연하기도 했다.

내가 목회하는 동안에 라인마인 지역 한인 교회가 독일 교회들과 공동 주관한 선교와 에큐메니칼 행사들에 참가한 것을 일일이 다 열거하자면 한이 없을 정도다. 여기서는 기억에 남는 몇 가지만 골라서 소개했다.

함석헌 선생과 송건호 선생의 방문과 강연

1980년인가 함석헌 선생님이 유럽 퀘이커대회에 참석하셨다가 프랑크푸르트에 오셨다. 이영빈 목사가 목회하던 파울 게하르트Paul Gehardt 교회에서 저녁 무렵 함석헌 선생의 강연회가 열렸다. 함 선생이 들어오시는데 30대 초반의 낯선 젊은이가 바짝 붙어서 함 선생을 모시고 있었다. 그가 한국에서부터 연로한 함 선생을 모시고 왔다고 하는데 사람들은 그를 KCIA 요원이라고 했다.

함 선생은 강연을 하시며 자기는 퀘이커 신도로서 평화주의자인데 박정희 독재정권을 물리치는 길은 오직 평화적 방법으로만 가능하다고 하면서 그가 평소에 불을 뿜 듯하던 모습을 전혀 보여주지 못했다. 선생이 그런 것은 그 청년 정보원 때문이라고 수군거리기도 했다. 나도 지극히 실망했다. 그는 대충 하나마나한 강연을 하고는 청년 곁에 않아서 가만히 있었다.

그러자 송○○라는 철학 전공 학생이 벌떡 일어나더니 그도 실망했는지 힘없는 평화주의를 가지고 어떻게 박정희 독재를 물리치고 우리 현실을 타개할 수 있느냐고 큰 소리로 질문 겸 질타를 했다. 그러자 함 선생은 다시 자리에 일어서더니 "나는 나이도 많고 평화주의자여서 체 게바라처럼 할 수 없으니 젊은이가 귀국해서 한번 꼭 해보시구려" 하고는 자리에 앉았다. 강연회는 김빠진 맥주처럼 끝나고 참석자들은 뿔뿔이 헤어졌다. 불만 섞인 소리들이 여기저기서 들렸다.

함 선생 앞에서 혁명을 주장하던 송○○는 귀국해서 서울대학 철학과 교수가 되었다. 그러나 그가 체 게바라는커녕 〈한겨레신문〉 같은 진보지에 글 한 줄 쓰는 것을 보지 못했다.

정반대의 일화도 있다. 내가 하이델베르크 대학 학생 시절에 한 ○○라는 보수교단의 철학과 학생이 에큐메니칼 기숙사에 머물며 공부하고 있었다. 당시 나하고 가까이 지내던 플라토Platow라는 조직신학부 조교이면서 기숙사 사감으로 일했던 사람이 나와 상담을 하자고 요청해 왔다. 그의 방으로 갔더니 한○○라는 철학과 학생에 대한 문제라는 것이다. "왜 한○○라는 철학과 학생은 소의 뼈들이나 꼬리 같은 것들을 사다가 몇 시간씩 비싼 전기를 쓰는 부엌에서 끓이는가?"라는 것이다. 가끔 나와서 전기를 꺼도 얼마 지나지 않아서 또 끓인다는 것이다. 독일에서는 소꼬리나 소뼈들은 매우 싸고 그냥 얻어오기도 한다. 뼈 요리들에 비해서 전기료가 매우 비싸서 그가 문제를 제기한 것이다. 두 나라 사이의 음식문화 차이를 어떻게 설명했는지 기억에 없다.

한○○라는 법대생도 한국에 와서 서울대학교 철학과 교수가 되었고 그가 쓴 날카로운 사회비판적 글들을 〈한겨레신문〉에서 보았다. 송○○하고는 전혀 대비되는 모습이다. 혁명하자던 사람은 침묵으로 일관하고 조용히 공부를 하던 학생은 날카로운 비평문을 쓰고 있다.

한번은 〈동아일보〉에서 근무했던 송건호 선생님이 중앙대학교 경제학과 유인호 교수와 함께 우리 교회를 방문했다. 사람들은 하나같이 그의 강연회를 주최하자고 했다. 유인호 교수는 경제학의 대선배격인 칼 마르크스Karl Marx의 출생지 트리어의 마르크스 하우스를 방문하고 싶다고 했다. 그곳은 프랑스 국경에 있는 고대 로마 도시로 아직도 유적들이 많이 남아 있었다. 포르타와 로마식 목욕탕의 폐허들이 그대로 그곳이 로마의 고대 도시임을 알려준다. 나는 바빠서 같이 가지 못했고 우리 교회의 도중호 선생이 안내를 했다.

나는 교인들과 함께 송건호 선생의 강연회 준비를 했다. 당시에는 널리 알릴 방법이 없어서 독일 대도시의 친지들에게만 전화를 돌렸다. 그런데 강연회 날 저녁에 보니 거의 200여 명의 교포가 모여들었다. 프랑스 파리에서도 차에 사람들을 가득 싣고 달려왔고 심지어 저 멀리 스웨덴의 스톡홀름에서 자동차 두 대에 나눠 타고 10여 명이 참석했다. 모두 힘든 여정이었고 강연장은 진지했다.

송 선생님은 주로 박정희 시대의 말기가 다가왔다는 것을 말하고 동시에 북한의 김정일이 곧 핵무기 생산에 성공할 것이라고 예언했다. 만일 북한이 핵을 만들면 남한에는 핵이 없지만 진해 해군기지에 들어와 있는 미국의 핵잠수함과 동해에 떠다니는 미국의 핵공격 잠수함 사이에 전쟁이 일어날 것이고 그렇게 되면 한반도는 초토화되어 사람이 살 수 없는 불모지가 되고 말 것이라 했다. 그 이야기를 하며 그는 눈물로 호소했다.

그러면서 북미나 일본 그리고 유럽에 사는 동포들이 다시 돌아와 한반도를 재건하고 거기서 다시 한국이라는 나라를 재생시켜 달라고 호소했다. 청중들은 숙연해졌고 어떤 사람들은 눈물을 흘리기도 했다. 이러한 호소로 강연이 끝났지만 모두 돌아갈 생각을 하지 않고 송 선생님의 말씀을 한 마디라도 더 들으려고 했다. 참으로 감격스럽고 기억에 남는 강연회였다.

마르틴 니묄러 목사와의 인터뷰

안병무 선생님은 우리 집을 방문했을 때 반나치 운동가 마르틴 니묄러Martin Niemöller 목사를 방문해서 인터뷰를 하자고 제안을 하셨다. 니묄러 목사의 후처는 영어를 유창하게 하는 미국인이었다. 그녀는 니묄러 목사의 나이가 90이 넘고 치매기가 있어서 제대로 인터뷰가 될지 모르겠다며 허락했다. 우리는 그가 살고 있는 비스바덴을 정각 10시에 찾아갔다. 젊은 미국 부인은 인터뷰 잘하고 가라면서 외출을 했다.

집 안으로 들어가니 니묄러 목사는 큰 개 한 마리를 데리고 흔들의자에 앉아 있었다. 우리가 한국에서 온 신학자들이라는 것을 소개해도 그는 듣는 둥 마는 둥 개하고 놀기에 여념이 없었다. 잠시 기다리자 그는 우리를 향해 누구냐고 다시 묻는다. 우리를 다시 소개하고 우리가 묻고자 하는 내용 가운데 전후 사태에 대해서 물었다. 그는 히틀러의 죄수에서 석방되자 미군들이 그를 나폴리 등으로 이리저리 끌고 다니던 이야기를 했다. 이야기하다가 이탈리아의 어떤 마을 이름이 떠오르면 그 동네 이야기를 하다가 또 다른 생각이 떠오르면 다시 그 주제로 옮겨가서 한도 끝도 없이 계속되었다.

그가 정확하게 기억하고 있었던 것은 1904년 러일전쟁 때의 일이다. 러시아 북해 함대가 아프리카 희망봉을 돌아서 대한해협에 도달했을 때 먹을 것은 떨어지고 기름도 거의 남아 있지 못해서 대한해협에서 기다리던 일본 함대에 항복할 수밖에 없었다는 것이다. 니묄러 목사는 원래 잠수함 함장으로 일하다가 제대하고 신학을 공부한 독특한 이력의 인물이다. 그래서 그런지 러일전쟁에 참가한 군함들의 톤수와 지휘자들의 이름을 정확히 기억하고 있었다. 놀라운 기억력이었다.

그런 이야기를 하다가도 갑자기 중지하고 자기 앞에 있는 큰 개와 한참 동안 놀다가 우리가 누구냐고 다시 묻는다. 우리는 인터뷰가 제대로 될 것 같지 않아서 중단하고 집을 나왔다. 그의 머리에는 우리와의 인터뷰가 전혀 남아 있지 않았을 것이다.

니묄러 목사는 동서 간의 평화운동과 동서 화해를 위해서 노력한 공로로 1966년 소련공산당대회가 주는 레닌 메달을 받았다. 그 후 프랑크푸르트 대학의 정치철학 교수인 이링 페쳐Iring Fetcher 교수 역시 마르크스 사상 연구와 사회주의 연구로 소련공산당대회에 주제 강사로사 초청받은 바 있다. 독일의 수많은 교수와 지성인이 기고했던 1972년 골비처 교수 80세 생일 축하 문집 『뒤틀린 나무 – 똑바른 길. 삶의 의미에 대한 물음』(*Krummes Holz - aufrechter Gang. Zur Frage nach dem Sinn des Lebens*)에 페쳐 교수는 "테러리즘의 문제"(Frage des Terrorismus)라는 글을 기고한 바 있다.

페쳐 교수는 우선 묻는다. 기득권을 누리는 부유한 집 출신들이 왜 테러 단체를 조직하고 폭력 혁명에 가담하는가?

페쳐 교수는 아시시의 성 프란치스코Sanctus Franciscus Assisiensis(이탈리아어: San Francesco d'Assisi, 1181년 또는 1182~1226

년 10월 3일)는 당시 이탈리아에서 매우 번영한 상인 피에트로 디 베르나르도네의 아들이었다고 한다. 프란치스코는 생전에 사제 서품을 받은 적은 없었다. 또 역사적으로 유명한 종교인 가운데 한 사람 페트루스 발두스Petrus Waldus(†1218)는 리옹의 부유한 상인이자 평신도로서 방황하는 설교자였다. 그는 당시의 제도화된 가톨릭교회를 비판하고 북부 이탈리아 산지에서 성서만을 따르는 개신교주의를 표방하였고, 그를 따르는 사람들이 이탈리아의 북부에서 오늘까지 종교적 박해에도 불구하고 발덴시안(왈도파)이라는 종교 단체로 살아남았다.

1970년대는 소위 적군파The Red Army Faction(RAF: *Rote Armee Fraktion*)로 알려진 바더 마인호프BaaderMeinhof Group 집단이 테러리즘 신봉자들로 극성을 부릴 때였다. 이 집단은 주동자 안드레아스 바더를 중심으로 4명 정도가 핵심을 이루고 활동했다. 그들은 대개 부유한 집 자녀들이었다. 그중에서도 중심 역할을 했던 두 사람의 여학생이 있었는데 그들은 개신교 목사의 딸들이었다. 충격적이었다.

페쳐 교수에 따르면 이러한 현상은 기득권자들, 특히 부유층들의 자기기만, 허위의식이 자녀들로 하여금 부모들에 대한 강한 불신을 갖게 했고, 사회 변혁의 길은 오직 폭력 혁명밖에 없다는 확신에 도달하게 했다고 말한다.

라인마인 지방 교회를 방문했던 몇몇 인물

어느 날 한신대학교의 김경재 교수가 프랑크푸르트에 오겠다며 자세한 일정은 떠나기 전에 알리겠다고 했다. 기다리는데 어느 날 갑자기 전화가 왔다. 자기가 지금 프랑크푸르트 역 앞에 있는 자그마한 바젤 호텔Basler Hof에 묵기로 했다는 것이다. 우리가 그를 집으로 초청하여 저녁을 한 끼 대접했는지 잘 생각이 나지 않는다. 그런데 그가 머문 바젤 호텔은 역사적인 장소다.

1934년 5월, 나치 치하에서 히틀러에게 저항하는 것이 곧 그리스도에게 신앙을 고백하는 것이라고 믿던 고백교회Die Bekennde Kirche 성직자들이 독일 중북부의 도시 부퍼탈Wuppertal에 속한 작은 마을 바르멘Barmen에 있는 교회에 모였다. 이때 칼 바르트도 스위스 바젤에서 기차를 타고 가다 프랑크푸르트 역 앞 바젤 호텔에서 루터교 대표 아스무센Hans Christian Asmussen과 만나서 신학선언문을 초안하기로 했다. 아스무센은 함부르크에서 활동하던 목사였지만 독일 남부로 여행하다가 바르트를 그 호텔에서 만나서 같이 가기로 했다. 여행이 피곤했는지 늦은 저녁 식사를 마치고 방으로 올라가자 아스무센은 피곤해서 잠시 쉬었다 만나자고 바르트에게 말하고 자기 방으로 들어가 잠에 곯아떨어졌다.

그러자 바르트는 진한 커피 한 잔을 주문해서 책상 위에 놓고 파이프에 담배를 채우고 불을 붙여 물고는 거의 한 시간 만에 바르멘 총회에서 채택할 성명서를 준비했다. 그것이 저 유명한 '바르멘 신학선언Barmer Theologische Erklärung'이다. 1975년에 바르트의 전기를 쓴 부쉬Eberhard Busch는 바젤 호텔 사건을 이렇게 묘사했다. "어려운 시절 루터교회 목사는 피곤을 이기지 못해서 잠을 잤고 개혁(장로)교회 목사(바르트)는 깨어서 성명서를 썼다."

이 호텔에서 묵고 간 김경재 교수가 혹시 한국 신학계의 바르트가 아닐까!

어느 가을날 한승헌 변호사가 우리 집을 찾아왔다. 그는 당시 저작권법에 대해서 연구하고 있었는데 나와 함께 프랑크푸르트 시내의 책방을 뒤져서 많은 책을 샀다. 그리고 다음날 시내 구경을 하러 나갔다가 실제의 재판 진행 과정을 보고 싶다고 해서 법원으로 가서 허가를 받고 어느 법정에 들어갔다. 나도 독일에 오래 살았지만 재판을 직접 방청하는 건 처음이었다.

우리가 들어간 법정의 분위기는 한국과 달리 판사, 검사, 변호사의 자리들이 높낮이 없이 자리 잡고 있었다. 한가운데 피고석에는 갓 스무 살이나 된 듯한 피고가 앉아 있었다. 그는 오토바이를 타는 젊은이들이 입는 독수리가 크게 그려진 가죽점퍼를 입었고 끝이 뾰족한 짧은 부츠를 신고 다리를 꼬고 삐딱하게 앉아서 재판을 기다리고 있었다. 재판장이 등장하니 비슷하게 차려 입은 대여섯 명의 젊은이가 휘파람을 불어댔다. 피고는 그들을 뒤돌아보며 승리 표시를 했다. 재판의 엄숙한 분위기라고는 찾아볼 수 없었다. 무죄 판결이나자 피고와 친구들은 괴성을 지르며 재판정을 빠져나갔다.

　점심때가 되어 우리는 근처에 있는 대학 식당으로 갔다. 식당은 카페테리아식이었다. 학생들 뒤에 줄을 서서 따라가면서 먹고 싶은 음식을 식판에 올려놓으면 끝에 가서 검사원이 점검하고 값을 부른다. 한 변호사와 나는 먹을 만하게 보이는 것들을 서너 가지 골랐다. 한 변호사가 구태여 돈을 내겠단다. 나도 그랬지만 한 변호사는 조금 드시더니 포크와 칼을 내려놓았다.

　"독일 학생들은 이렇게 먹고 어떻게 공부하나요. 괴테가 프랑크푸르트 출신이니 이 대학에서 공부했겠죠? 하지만 괴테는 부자였으니 이렇게 먹지는 않았겠지요"라고 말하면서 대학 식당을 나왔다.

안병무 박사의 편지

1979년 6월 안병무 선생님의 긴 편지 한 통을 받았다. 이 편지는 그가 심장병 치료차 독일에 와서 튀빙겐 대학교에서 시술과 치료를 받고 슈투트가르트 근처에 있는 에슬링겐Esslingen이라는 작은 도시에 있는 도로테아 슈바이처Dorothea Schweitzer의 아파트에 머무르면서 쓴 편지였다. 그는 불편한 몸을 이끌고 장장 A4 용지 여덟 매 분량의 긴 편지를 깨알같이 적어 보냈다.

안병무 선생님은 얼마간 질병 치료차 독일에 머물면서도 고국에서 박정희 독재정권하에서 억압에 시달리면서 인권과 민주화를 위해서 투쟁하고 고통당하는 동지들과 멀리 떨어져 지내는 것을 매우 미안하고 안타까워했다. 독일 교회와 독일 친구들이 그의 건강과 한국에서의 불확실한 미래를 걱정해서 귀국을 만류했으나 고국의 형편을 생각하면 그는 마음이 편치 않았다. 마치 독일 신학자 본회퍼가 1939년 미국 뉴욕 유니언 신학교에서 연구하던 중 친구 신학자들인 라인홀드 니버와 파울 레만Paul Lehrmann의 만류에도 불구하고 전쟁의 먹구름이 밀려오는 조국 독일로 돌아가 민족의 고난에 동참하기로 결심했던 때의 심정을 연상시켰다. 안병무 선생님은 마침내 귀국을 결심하고 나서 그의 심정을 편지, 아니 '고백'의 형식으로 써서 나에게 보내온 것이다.

안 선생님은 추신에서 "이 글에 대한 處理는 형편과 필요한 대로 해주시오"라고 부탁했다. 당시 선생님의 간절한 마음이 고스란히 담겼기에 편지를 이곳에 싣는다. 그분을 함께 추억하기 위함이다. 이 편지에서 안 선생님은 한자와 독일어 단어를 자주 사용했는데 한자는 그대로 싣고 독일어나 그리스어는 괄호 안에 번역하여 넣었다. 이해를 돕기 위해서 필요한 부분은 첨삭도 했는데 그 부분은 괄호 안에 넣었다.

손규태 목사에게

나는 (독일을) 떠나기(한국으로 귀국하기) 전에 내 소신을 밝히는 편지를 두 번씩이나 썼다가 다 찢어버렸다가 아무래도 마음이 편안치 않아서 대담하는 형식의 이 편지—편지인지 고백인지 —를 씁니다.

나는 지금 그날그날 글자 그대로 終末的 氣分으로 삽니다. 來日이 보장돼 있지 않기에 그날그날 최선을 다하려고 하나 몸이 말을 듣지 않아 제대로 목표한 일은 진행되지 않습니다. 終末的 삶이란 西歐 크리스천들은 알 도리가 없을 겁니다. 우선 주기도문의 "일용할 양식을 주소서"를 진정으로 기도할 수 없을 것입니다. 까닭은 모든 것을 제도적으로 物質的으로 보장하고 있기 때문입니다. 혹시 결정적인 지병의 환자의 경우는 다를까?! 그러나 이들에게 공포분위기를 느낍니다. 그러나 그

것은 가진 자의 것 즉 얻어 놓은 것을 잃지 않으려는 것입니다.

나는 歸國하기로 결정하니 "내가 너희를 내보내는 것이 양을 이리 가운데 보내는 것과 같다"(마태 10:16) 하는 말씀이 나에게 Anrede(하는 말)로 들립니다. 그러나 두려운 마음은 조금도 없습니다. 나는 어떻게 사느냐가 중요하지 않고 어떻게 죽느냐가 중요하다는 생각을 글로 표현한 일이 있는데 내 잡문집을 낸 출판사에서 따로 그 구절을 책 表紙에 게재했더군요. 마치 나의 終末의 자세를 재확인하려는 듯이—나는 독재정권과 싸우는 데는 사양하지 않겠습니다. 비록 내 건강상 투쟁의 역할을 다할지 모르나.

그러나 손목사가 알다시피 나는 원래 이른바 政治的 人間은 아니며 또 그런데 興味 없는 사람입니다. 그런데 결과적으로 朴政權에 依해 이렇게 됐습니다. 나는 단순히 아닌 것은 아니요, 라고 하고 옳은 것은 옳다고 하라는 뜻을 充實히 지킬 뿐입니다. 누가 와서 서명을 요구할 때 그 내용이 내 良心上 옳은데 아니라고 거부할 수는 없습니다. 결국 72(?)년 장준하가 와서 개헌반대운동 발기인이 되라고 요구할 때 (나의 정치 참여는) 시작됐고 그때도 정보부에서 심문받았고 그 후 줄곧 그런 반열에 서야 했습니다. 그리고는 역시 人權, 人間의 존엄성을 수호하기 위한 것은 바로 주님의 입장이라고 믿기에 그것에는 투철하려고 했습니다.

對政府에 대한, 人權에 대한 기독교의 입장의 설명은 혼자 맡아 하다시피 했지만 반드시 하나님의 형상으로 된 人間이라는 것을 배경으로 하지 않더라도 공관(복음)서에 나타난 예수의 자세에서 그것을 빼고 생각할 수 없다고 봅니다. 나는 예수가 추상적인 Humanist(인도주의자)거나 '人間觀'에서 행위한 이가 아니라 어디까지나 '잃어버린 자', 요는 그에게 어떤 不幸이 닥쳐서 도움이 필요한 자에게 그 原因을 不問에 부치고 그를 위해 할 수 있는 일을 다 한 분으로 판단합니다. 그런 의미에서 예수는 普遍愛를 실현한 이가 아니라 오히려 偏愛者라고 봅니다. 그렇다고 프롤레타리아적 民衆觀과는 다릅니다. 까닭은 경제적 側面과 상관없는 세리도 감쌌으니까요. 그를 싸고 돈 그리고 그가 도와준 ὄχλος(민중)들은 모두 피해자들입니다. 그러나 그것은 반드시 被搾取者 被壓迫者라는 말과는 구별됩니다. 책임은 自身에게도 있을 수 있습니다. 그런 原因을 예수는 묻지 않습니다. 단순히 지금 도와야 할 사람의 이웃이 되는 것입니다. 그런 사랑할 權利마저 방해하는 것을 예수는 용납하지 않았습니다. 그것은 비록 神의 권위를 등에 업은 것이라도 말입니다. 安息日에 대한 예수의 선언(마가 2:27) 같은 것을 나는 人權宣言 第一章이라고 합니다. 이런 행위는 體制에 대한 파괴행위가 됩니다. 그렇다면 西歐 교회를 보십시오. 그대로야 어디서 힘이 나오겠느냐고, 西歐 교회는 세계교회를 向한 의무가 있습니다. 까닭은 그들이 宣敎했으니까요. 동시에 그들의 勝者로서 가치관을 移植했습니다. 거기서 第3世界에 갈등이 왔습니다. 그런 제3세계의 오늘의 政治的 경제적 모순에 유린되는 人權에 대한 책임은 西歐 교회에 있습니다. 그런데 西歐 그리스도교회가 우리는 상관없다고 눈감고 있을 수 있습니까? 그리고 아직도 '복음 선교'라는 극히 애매한 기록을 내세워 人權이야 어찌 됐든 어떤 제도를 지원하여 조직적으로 하나님의 아들딸들이 수난당하는데 그런데 대해서는 一言半句도 말이 없는 것은 고사하고 오히려 그런 것에 관심하고 努力하면 政治的이라는 낙인을 찍어 (그런 그리스도인들을) 非福音的이라고 하면서 도대체 사랑을 어떻게 설교하느냐 말입니다. 그런 이들이 누가의 들(평지)의 설교, 마태복음 25장의 최후심판 비유, 요한 14-17장 등은 어떻게 읽고 이해하지요?! 오늘 독일 교회가 世界人權 문제가 심각해지면 그래도 정부와의 긴장이 없을까요. 또 이른바 Evangelisten(복음주의자)들이 자기들이 입장을 'biblisch'(성서적)라고 크게 장담하는데 어떤 意味에서 성서적이란 말입니까. 예언자, 공관(복음)서를 뺀, 아니 바울의 수난사도 뺀 그런 날조된 성서적이란 말입니까?!

　　아니요. 난 西歐 교회를 비판할 생각은 없습니다. 단지 아직 底力이 있는데 아직 自己努力을 위축시키고 있어서 solidarisch(연대적) 입장에서 걱정할 따름입니다. 죽음을 각오하는 것처럼 무서운 게 없어요. 독일 교회에는 그런 면이 없어요. 그래 status quo(현상 유지)에 사로잡혀 弱해요. 이들도 너무 富해요. 그래서 종종 부자에 대한 마가복음 10:25를 연상합니다. 同時에 가난한 자는 복음이 있다는 것과 그것을 오고 있는 그 나라와 직결시키는 것에 많은 생각을 하게 돼요. 西歐교회는 "너를 위한 存在"라는 본회퍼의 입장을 정말 이해해야 해요. "너를 위한다"는 것은 자기를 비우는 것, 스스로 가난해지는 것입니다. 그럴 각오가 있으면 西歐 기독교는 復活한다고 봐요. 한 가지 더 부연한다면 제발 時代的 제약이 있는 Zwei Reiche Theorie(루터의 두 왕국 이론)를 더 이상 방패로 삼지 말라는 것입니다. 지금 Zwei Reiche의 한(경?)계가 어디 있어요? 지금 이른바 세속정치에 침투 안 당한 데가 어디 있어요. 人間의 뇌리까지 침투당하고 있으면서도 아직 그 (정교의) 分離를 주장한다는 것은 實은 교회를 세속정권에 매도하는 것이 아닙니까? 더욱이 지금 만일 그런 구분을 하려면 Drei Reiche Theorie(세 왕국 이론)를 말해야 할 겁니다. 까닭은 경제적 구조와 그 힘이 엄연한 獨自性과 힘을 갖고 있으니까요.

나는 독일 교회를 사랑합니다. 까닭은 많은 좋은 친구들이 있고요 우리 교회와 깊은 관계를 형성해 가고 있기 때문입니다. 또 기대하는 바도 있습니다. 그것은 독일 교회와 한번 이미 지니고 있는 Gabe(은사, 선물)를 총동원하여 그리스도교의 本然의 자세를 갖고 사회변혁에 나선다면 상당한 정도로 世界史의 새 方向을 위한 Pionia(개척자) 역할도 할 수 있다고 보이기 때문입니다. 루터의 종교개혁은 물론 당시 상황에서 된 面도 있으나 결과적으로 교회의 '세속적 권리'를 포기하는 데서 의미가 있다고 봅니다. (그래서 Zwei Reiche Theorie가 된 것은 유감이다.) 그것은 교회가 교회답기 위한 '주어진 것'의 포기입니다. 現今의 독일 교회에 萬一 기대한다면 '自己否定하고'라는 面을 구체적으로 파악 실현할 때 가능하다고 봅니다. 이것은 스스로 잃는 行爲일 수 있으나 同時에 세계 그리스도인과 교회에 커다란 변화의 계기를 가져 볼 수 있다고 생각합니다. 그 한 예로서 비록 극단의 Marxist(마르크스주의자)의 말이라도 옳은 것이라면 自身에게 손실이 되더라도 받아들여 자기개혁을 하는 것입니다. 그리스도교가 아편 역할을 했다는 비판에서 벗어나기 위하여 그런 行爲의 중단은 물론 그들 民衆의 아편 역할을 하는 것과 투쟁을 전개하는 것입니다. 이런 싸움에는 희생이 따르겠지요. 그러나 그 대신 다시 제2의 종교개혁의 기수될 가능성을 지닌 것입니다. 또는 자기 政府가 한국과 같은 獨裁政權의 존립을 가능하게 하는 온갖 요소를 철저히 分析해서 自己 정부와 싸워야 할 것입니다. 이렇게 함으로 '제3세계'에 새로운 그리스도의 면모를 드러내야 합니다. 그것은 세계의 희망입니다.

　한국 교회에 대해서 세계가 관심하는 것은 비록 小數나마 죽음을 마다하는 참 Nachfolge Christi(그리스도의 제자 됨)이 있기 때문입니다. 우리에게는 비록 (이란의) 호메이니의 이슬람 혁명 따위는 거부하나 새 세계를 위한 바탕인 예수에게 돌아가야 하며 이것이 成功되면 제3의 길을 모색하는 이 세계에 새 희망을 줄 수 있다고 믿습니다. 그러기 위해서 예나 오늘이나 '죽을 각오'가 필요하지요. Evangelicalist(복음주의자)들은 그 어디서나 安定 지대만을 찾고 있다는 한 가지 사실에서 아무런 기대를 하지 않습니다. 까닭은 나는 세계 어느 곳에서도 Evangelikalen(복음주의자들)의 박해를 들어본 일이 없습니다. 한국도 例外가 아닙니다. 이른바 복음주의 내세우는 사람들은 모든 정부의 옹호를 받습니다. 심지어는 빌리 그래함이 왔을 때 선전용으로 쓴 비용이 얼마나 어마어마했는지는 빼고라도 마지막 축복기도를 하고 강단현장에서 헬리콥터를 타고 거기 모인 수많은 그리스도人들을 선전용으로 촬영하고 昇天한 예수처럼 사라졌습니다. 한국에 個人用 헬리콥터는 없습니다. 그럼 누가 제공했나요? 그때 얼마나 많은 목사들과 그리스도인 청년들이 옥중에 있었는지 그는 단 한 마디 말도 언급하지 않았습니다. 나는 이따위를 Nachfolge Christi(그리스도의 제자 됨)이라고 생각지 않습니다. 그것은 Mission(선교) 행위도 아닙니다. 까닭은 거의 대부분 막대한 비용에 의한 선전에 의해 모인 구경꾼들이었으니까. 아니, 아니. 나는 이따위 것에 어떤 기대도 하지 않습니다. 지금은 이른바 文鮮明派가 세계에 문제가 되고 있습니다. 最近에는 그들을 비판하는 강연회에서 數千名이 모인 자리에서 그 Anhänger(추종자)들이 그 강사를 집단 폭행을 했습니다. 고소한 교회의 소리에도 아랑곳없이 그들은 다음 날 그대로 석방됐습니다. 文(선명)은 세계 굴지의

Multimillionär(수백만 장자)가 돼 있습니다. 저들은 정부에 의지해서 最大의 지원을 받고 있습니다. 그는 (미국 대통령) Nixon (닉슨) 옹호운동을 위시해서 朴(정희) 정권을 위한 미국의회 로비 활동에 중요한 역할을 했고 현재도 여러 이름으로 學者, 事業家, 靑年들을 전세 비행기로 한국에 보내고 또 모든 비용을 대고 있습니다. 이것이 '政治와 상관없는 종교'를 주장한 현 정권이 옹호하는 宗派의 하나입니다.

나는 한 政權 따위를 넘어뜨리는 것을 최후의 목표로 하는 사람은 아닙니다. 그거야 언젠가 지나갈 것이니까―나는 人類의 곧 닥칠 위기를 걱정합니다. 나는 Technocracy(기술 지배)가 막다른 골목에 왔고 이제 또 다시 Ideologie(이념) 싸움의 때가 올 것을 생각합니다. 또 와야 합니다. 그런데 그것은 틀림없이 宗敎的일 것입니다. 이슬람은 물론 마르크시즘도 난 종교의 하나로 봅니다. 이에 대해 그리스도교는 스스로 Post Christentum(기독교 후기시대)이니 해서 스스로 체념하고 현재의 얻은 것이나 붙잡고 있으려는 태도에서 빨리 탈피하고 세계의 제3의 길을 自主的으로 모색 제시해야 한다고 믿는 사람입니다. 그 결과 中世的 복귀 따위를 생각하는 것은 물론 아닙니다.

나는 한국에서도 이런 것을 생각해야 한다고 믿고 있습니다. 한국은 千年 佛敎, 五百年 유교가 支配했는데 모든 지배층의 이데올로기 역할밖에 못 했기에 정권과 더불어 운명을 같이 했습니다. 그 버릇은 오늘에도 지속되고 있습니다. 이에 비해서 그리스도교만은 처음부터 박해 속에서 民衆 속을 타고 들어왔습니다. 이 民衆은 우리 近代史에서만 봐도 몇 차례 恨을 풀기 위해 죽음을 무릅쓰고 궐기했다가 번번이 썩은 정부와 그들이 이끌어 들인 日軍들에 의해 잔인하게 유린된 계층입니다. 그들의 피가 땅에서 소리를 지르듯이 여러 모양으로 나타났는데 그리스도가 등장했을 때 바로 그것이 植民勢力 日本과 상반되는 종교라는 점에서 民衆은 열광적이었고, 그리고 선교사들이 政敎分離를 그렇게 역설했음에도 不拘하고 1919년 3월 1일에 모든 그리스도인들이 일제히 궐기해서 독립을 호소했습니다. 이들은 또 日帝에 무참히 짓밟혔습니다. 그러나 그들의 魂은 地下에서 꿈틀거리고 있습니다. 오늘 한국의 그리스도인들은 바로 이 民衆의 편에 선 예수의 Nachfolge(제자 됨)를 지상의 목표로 하고 있습니다. 이에 비그리스도인들에게도 호응을 받고 있습니다. 이 운동은 누룩처럼 퍼져나갔습니다. 크리스천 아카데미의 여섯 명의 움직임은 그 一角에 不過합니다.

한국의 그리스도교는 아직 제 궤도에 서 보지 못했고 또 사람대접을 못 받아 본 민중의 편에 서서 이 民族이 나갈 제3의 길을 모색할 뿐 아니라 그 정위가 되어야 한다고 믿으며 또 그런 可能性이 있다고 봅니다. 그 제3의 길이 무엇인지 말할 자격은 없습니다. 그런대로 생각하는 것을 추상적으로 적는다면 이럴 것입니다.

1. 가장 적게 다스리는 것이 가장 좋은 정부다.

  — 예수에게 정부라는 것이 안중에 없었던 것처럼 관심을 나타내지 않았습니다.

  — 이것은 老子의 입장입니다.

  — 초기 북아메리카의 建國이념이기도 합니다.

  — 간디도 이런 것을 주장합니다. 노예

2. 경제기준은 가난하기 때문에 또는 富하기 때문에 그것에 奴隷되지 않도록 生存上 필요한 정도의 경제 확보입니다. 그것은 물론 수요에 의한 분배제도여야 합니다. 요는 物質에서 해방되기 위해서 하는 기준입니다.

3. 국제경쟁을 포기해야 합니다. 그러기 위해서 중심(립?)국이 되는 것입니다.

4. 生産上 경제보장을 위한 힘과 시간에서 남는 힘과 시간은 정신문화창조에 바쳐야 합니다. 새 정신문화는 '너를 위한 존재'에로를 目標로 할 때 가능합니다.

하여간 기독교는 이 이상 세계변화의 충격에서 받은 결과로 얻은 콤플렉스에서 돌아서서 다시 예수가 세상에 오신 目的을 엄숙히 자기 과제로 생각할 때가 됐습니다. 한국은 비록 西歐와는 상황이 다르나 바로 그렇기(짧은 歷史, 가난함) 때문에 자각만 하면 그럴 수 있는 底力이 있다고 봅니다. 歷史上 언제나 예수의 뜻을 실현해 본 일이 있습니까? 니체의 말대로 그리스도인은 歷史上 단 한 사람뿐이었다는 말은 중요합니다. 우리는 그것을 現存의 사회가치관의 구조에서 비현실적 환상이라고 일축해 버리는 것만이 영리하다고 생각하기를 계속해야 합니까? 마르크스의 혁명이 있고 이슬람 혁명이 있고 산업혁명이 있다면 왜 예수의 혁명이 없으란 법이 있습니까? 난 혁명이라는 용어도 적당하다고 생각지 않습니다. 그렇다고 方向이 없는 것은 아닙니다. 흔히 Program(강령)이 없다고 합니다. 그럼 마르크스, 호메이니 등의 프로그램이 현실적입니까? 호메이니가 뭘 하려는지도 모르지 않습니까?

난 이런 생각을 골똘히 하면서도 공관서 연구에 몰두했습니다. 귀국보다 이게 중요하다 생각했으나 역시 수난 당하는 그 현장이 내가 있을 고향입니다. 내 건강은 내일의 보장이 없는데 이러고만 있을 수는 없습니다.

현금 한국정부는 (긴급조치) 9号가 별 효과가 없으니 이제 反共法을 적용합니다. 그것이 얼마나 허구에 찬 法인지 공산주의에 대한 알레르기가 있는 친구들에게 잘 알려주어야 할 것입니다.

우리들은 박형규 목사에 대해 國家保安法, 反共法, (긴급조치) 9号, 그리고 경제부정으로까지 걸었으니 이제 남은 것은 女子와의 스캔들로 기소하는 길만 남았다고 합니다. 저들은 되도록 외국친구들이 동정할 수 없는 陋名을 씌우기 시작합니

다. 나도 귀국하면 무슨 법으로 걸 건지는 모르지요. 의사의
Attest(증명서)를 함께 보냈는데도 여기서 정치행위했다고 마
지막까지 괴롭혔으니까. 그러나 독일 교회가 그 내용을 알기
때문에 그것으로 기소는 못 하리라고 생각합니다만 미우면 무
슨 법인들 적용 못 하겠어요. 아무쪼록 외국에 있는 동안 배울
것 할 일 후회 없도록 충실히 끝내시오. 잔혹한 땅이라도 가나
안으로 알고 돌아오시오.

추신: 정부에 대한 냉혹한 비판을 썼다가 결국 (나의) 기본자세와 서
구교회를 향한 말을 썼습니다. 내 심정의 一喝이기도 하고요. 이 글에
대한 處理는 형편대로 필요한 대로 해주시오. 그동안 나 때문에 많이
수고했습니다.

1979년 6월 4일

安炳茂

전체 독일 지방 교회의 구성

통일되기 전 서독 교회는 18개의 지방 교회Landeskirche로 구성되어 있었다. 이 지방 교회란 루터의 종교개혁이 성공한 다음에 출현한 개신교회가 당시 프로테스탄트를 지지한 지방 영주Landesherrn에게 소속됨으로써 붙여진 이름으로 사실상 지방 영주들이 개신교회의 주인이 되었다는 것을 뜻한다. 당시 종교개혁에 의해서 출현된 개신교회는 로마 가톨릭의 교황 교회에서 독립되어서 독일의 여러 지방을 다스리던 영주들을 교회의 수장으로 삼았던 사실에 그 기원을 두고 있다. 따라서 각 지방의 영주들이 그 지방 교회의 주교들과 목사들의 임면권을 가지고 그들을 여러 교회로 파송하고 그들에게 생활비를 주었다. 이런 이유로 오늘날까지도 독일의 개신교회는 지방 교회로 불린다.

그런데 이들 개신교회는 1918년 독일의 민주주의 혁명과 더불어 지방 영주들의 손아귀에서 벗어나 교회 헌법Kirchliche Verfassung에 기초해서 민주적으로 운영되는 교회로 새롭게 탄생하게 된 것이다. 이때부터 개신(지방) 교회들은 민주적 헌법 질서에 따라서 총회Synode에서 다수결로 주교나 교회의 총회장을 선출하고 그들이 목사들의 인사권을 갖게 되고 지방 교회를 운영하는 권한을 갖게 되었다. 지방 교회의 최고의결기관인 총회(의회)는 동수의 목사들과 평신도들로 구성되고 그 의장은 평신도가 맡는다. 여기서 결정된 사항들은 주교나 총회장의 책임하에 각 부서장들(예를 들면 인사부, 교육부, 선교와 에큐메니칼 부서, 재정부 등)을 임명하여 실천해 나간다.

독일연방의회는 독일 개신교회의 효율적 운영을 제도적으로 돕기 위해서 종교세Kirchensteur를 신설하였다. 각 지방 교회들은 현재 법에 따라서 소득세나 법인세의 약 10% 정도를 종교세로 배당받을 수 있다. 따라서 가톨릭교인이나 개신교인으로 등록한 모든 사람은 소득세나 법인세에서 약 10% 정도를 종교세로 내게 된다. 독일의 각 지방 정부의 세무서는 다른 세금들과 종교세를 같이 거두어서 일정액의 수수료만 빼고는 나머지 금액을 교회 본부에 넘겨준다. 그 종교세를 배당받는 교회들은 구교인 가톨릭교회와 개신교에서는 루터교회와 개혁교회(장로교회) 그리고 이 두 제도를 종합한 연합교회die unierte Kirche이다. 독일에도 감리교회나 침례교회 등 다양한 교파교회들이 존재하지만 이들은 '자유 교회freie Kirche' 범주에 들어가며 이들에게는 종교세가 배정되지 않는다. 자유 교회들은 한국에서처럼 교인들이 내는 헌금으로 운영된다.

독일 정부와 독일개신교협의회EKD 사이에는 서로 연락사무실을 두어 상호 협력해야 할 문제들을 논의한다. 독일 총리는 개신교협의회의 의장의 요청에 응해야 하면 그 반대도 마찬가지다. 특히 독일 정부가 추진하는 중요한 사업이나 법안의 내용을 미리 교회에 통보하여 의견을 청취한다.

이들 소위 지방 교회들의 목사후보생들은 독일의 대학교들(독일의 대학교들은 거의 국가에서 세우고 운영한다)에 설치된 신학부에서 교육을 받는다. 각 지방 교회에 속한 신학생들은 대학교의 신학부에서 공부하고 나서 자기가 속한 지방 교회에서 실시하는 두 번의 목사후보생 시험에 응시해 합격하면 대학을 졸업하게 된다. 따라서 대학 졸업시험은 대학에서 보는 것이 아니라 교회에서 보며 그 시험에 합격하면 당사자는 학교에서 퇴거하는데abmelden 이것이 곧 졸업이다. 따라서 독일 대학에는 한국에서처럼 요란한 졸업식이 없다. 그리고 지방 교회들이 아닌 자유 교회들은 각기 자기들의 신학교들을 세워 목사후보생들을 양성하거나 아니면 목사후보생들을 대학교의 신학부에서 공부하게 하기도 한다.

개개의 지방 교회들은 순수 루터교적 전통을 따르거나 장로교회의 전통을 따르거나 그도 아니면 이 두 전통을 같이 따르는 교회들로 구성된다. 따라서 각 대학에 설치된 신학부도 장로교적 전통이 강한 곳이 있으나(괴팅겐 대학, 뮌스터 대학 등) 대부분의 대학 신학부는 루터교회 전통이 강하다. 또 신학과 교수들 중에도 대부분 루터적 전통에 서서 신학을 하고 가르치지만 바르트나 골비처, 몰트만처럼 개혁교회 전통에 서서 가르치는 사람들도 있다.

독일의 지방 교회는 미국이나 한국과는 달리 지방 자치적 교회들이다. 통일된 이후 독일에는 25개의 지방 교회가 존재한다. 이들 교회는 앞서도 말했지만 개개 지방 교회들은 신학적으로 루터나 칼뱅의 전통을 따르거나 아니면 이 둘을 합한 연합적 형태로 운영된다. 이들 지방 교회들의 경계선은 부분적으로는 행정적 경계선을 따르기도 하지만 그것에 매이지 않고 독자적 경계선을 설정하기도 한다. 예를 들면 충청북도 지방 교회라고 하더라도 행정적 경계선이 변경되어 부분적으로는 충청남도나 강원도에 편입되었다 해도 꼭 그 새로운 경계선을 따르지 않고 옛날의 경계선을 따른다는 말이다.

이들 독일의 지방 교회들은 자기들의 전통에 따라서 예배나 성찬의식을 달리하며, 그들이 부르는 찬송가는 전반부는 공통의 찬송가들로 구성되지만 후반부는 각각의 지방 교회 전통이나 역사, 특성에 따라서 독자적인 찬송가들로 구성된다. 따라서 대부분의 지방 교회가 공통의 의식이나 찬송가들을 가지고 있지만 부분적으로는 지방의 전통과 특성에 따라서 약간의 차이도 있다.

루터교회 전통을 따르는 지방 교회들에는 교회 수장으로 주교 Bischof가 있으며 그가 인사 등 전권을 행사한다. 그러나 개혁교회(장로교) 전통을 따르는 지방 교회들은 교회 수장으로 주교가 아니라 5년 내지 8년 임기의 총회장President을 선출한다. 연합 제도를 택한 지방 교회들 역시 총회장을 뽑아 운영한다. 그중 후자들이 좀 더 민주화된 제도로 간주된다.

독일의 개개 지방 교회들은 세계 교회들과의 선교협력 관계를 갖게 될 때, 예를 들면 세계교회협의회에 가입하거나 한국의 특정 교단과 선교나 에큐메니칼적 협력 관계를 맺을 때도 지방 교회가 독자적으로 가입하거나 협정을 체결한다. 내가 일하던 헤센-나사우 지방 교회가 한국기독교장로교회와 맺은 선교협력 관계의 체결이 그와 같은 예이다. 따라서 헤센-나사우 지방 교회가 단독으로 세계교회협의회에 가입하지 독일 전체 교회의 이름으로 가입하지 않는다. 전체 독일에서는 25개 정도의 지방 교회가 세계교회협의회 회원으로 참가하고 있다.

한편 독일 전체 교회를 대변하는 협의기구가 있는데 이것이 곧 독일개신교협의회Evangelische Kirche in Deutschland이다. 그러나 이것도 독일의 지방 교회들의 대표들로 구성된 협의기구이지 독일의 개개 지방 교회 전체를 대표하는 독립된 권력을 가진 기구는 아니다. 우리나라식으로 하면 충청도 교회 혹은 전라도 교회가 세계교회협의회의 회원으로 가입하는 것이나 마찬가지다. 그리고 한국교회협의회KNCC와 독일개신교협의회가 선교협의회를 열 때는 이 KNCC의 소속 교단 대표들과 독일개신교협의회 산하 기구인 교회의 외무국Außenamt의 일꾼들이 만나서 의회를 하는 것이다.

바덴-뷔르템베르크 지방 교회 선교대회 참가기

하이델베르크 대학교 유학 시절 절친하게 지내던 바덴-뷔르템베르크Baden-würthemberg 지방 교회의 에큐메니칼 담당목사였던 크리스토프 엡팅Christopher Epting 목사의 초청으로 독일과 스위스 국경 근처에 있는 도시 쇼펜하임에서 열리는 선교대회에 우리 교회 성가대가 초청을 받아서 참석하게 되었다.

1,000명 정도의 참가자가 모이는, 독일 교회에서는 보기 드문 큰 행사였다. 우리는 세 시간이나 기차를 타고 도착하여 예배 시간을 기다렸다. 하지만 예배는 진행되지 않고 여기저기 천막들을 쳐놓고 선교 관계의 책들을 비롯해서 아프리카에서 가져온 다양한 물건들을 전시해 놓고 팔고 있었다. 아프리카 가나와 탄자니아에서 초청되어 온 합창단들이 이리저리 돌아다니며 북을 치면서 노래를 부르고 춤을 추었다. 아프리카인들은 춤추고 노래 부르는 것이 그렇게 자연스러울 수가 없었다.

우리 교회 성가대는 예배 시간에 부를 찬송가를 준비해 갔는데 예배가 없어서 찬송도 하지 못하고 여기저기 구경만 하다가 끝나게 될 상황이었다. 그래서 나는 교회의 목사요 성가대의 인솔자로서 우리 교회 성가대가 노래 부를 수 있는 장을 마련해 줄 것을 주최 측에 여러 번 부탁했다. 하지만 여기저기 흩어져 있는 사람들을 불러 모아서 그런 장을 만들 수 없으니 아프리카인들 성가대들처럼 이리저리 다니면서 자유롭게 노래를 부르라는 것이었다. 성가대원들과 상의를 하니 그렇게 할 수 없다고 한다. 왜냐하면 우리가 준비한 성가는 대성당 같은 데서나 부를 수 있는 찬송이고, 우리는 아프리카인들처럼 마구 돌아다니며 북치고 춤추며 노래할 수 없다는 것이다. 먼 길을 차를 타고 와서 노래도 못 하고 그냥 구경만 하자니 성가대원들 얼굴에는 불만이 가득하다. 할 수 없이 내가 마이크를 얻어서 한국의 성가대가 찬송을 부를 테니 모여 달라고 홍보를 했다. 우리는 200여 명이 모인 자리에서 찬송을 몇 곡 부르고 나서야 귀가했다.

신학자 위르겐 몰트만이 그의 『놀이의 신학』에서 하늘나라에서 매일 열리는 즐거운 연회에서는 잘 놀고 춤을 즐기는 아프리카인들이 주인공이 될 것이라고 한 말이 기억났다. 하늘나라에 가면 경직된 독일인들은 즐거운 잔치를 즐길 줄 몰라서 답답할 것이라고 했다. 독일인들뿐만 아니라 딱딱하게 경직된 한국의 보수파 기독교인들도 하늘나라에 가면 어색하고 답답하기는 마찬가지일 것이라는 생각이 들었다.

하늘나라가 한국의 보수파 기독교인들이 하는 것처럼 매일 딱딱한 예식에 맞추어 예배나 드리고 기도나 드리는 곳이라면 아프리카인들은 그곳에 가고 싶지 않을 것이다. 즐거운 오락도 모르고 춤도 출 줄 모르는 그리스도인들만이 모여 매일 예배나 드리고 기도나 하는 곳이 하늘나라라면, 나도 그곳에 가는 것을 심각하게 고려해 보아야 할 것 같다.

독일 개신교회 신도대회

나는 독일에서 목회하는 7년 동안 독일 개신교회 신도대회에 네 번
참가했다. 한번은 베를린(1979년), 한번은 함부르크(1981년), 그 다
음 번은 하노버(1983년), 마지막은 뉘른베르크(1985년)에서였다.
독일의 개신교회와 가톨릭교회는 매 2년마다 신도대회를 여는데
개신교회는 이 대회를 '교회 신도들의 대회Kirchentag'라고 하고 가
톨릭교회는 '가톨릭 신도들의 대회Katholikentag'라고 한다.

근대적 개신교 신도대회는 전후 1949년부터 시작해서 매 2년
마다 중요 대도시를 돌아가며 열린다. 이 대회에는 약 50~70만 명
이 참가하는데 신도대회로는 최대 규모 행사다. 독일 총리는 물론
장관들까지도 참가하며 독일의 정당 대표들이나 노동조합총연맹
의 대표들까지도 참여한다. 그만큼 정치적으로도 매우 의미 있는
행사다.

독일의 대도시들은 대부분 1~2백만 명 정도가 사는 크기인데
신도대회에는 대규모 인원이 참석하기 때문에 그 근처 도시들의 호
텔들에서도 방을 얻기 힘들다. 대부분의 젊은이는 교회나 스포츠센
터 같은 시설에서 슬리핑백 같은 것에 들어가 잠을 잔다. 다행히도
여기에 참가하는 사람들 약 70% 정도가 젊은이들이다. 독일의 경
우 주일예배에서 젊은이를 찾아보기란 거의 불가능한 상황에서 교
회의 미래를 걱정하는 사람들이 많지만 이 신도대회에 참가하는 젊

은이들을 보면 독일 교회의 미래가 어둡지만은 않은 것 같다.

이 개신교회 대회는 원래 1848년~1892년까지 열렸으며 그 후에 다시 1919년~1930년까지 열렸으나 전쟁으로 열리지 못하다가 다시 1949년부터 열렸다. 2013년에는 34회 대회로 독일 북부의 항구도시인 함부르크에서 5월 1일부터 6일까지 열렸다.

34회 대회의 주제는 대회의 성서 말씀 출애굽기 16장 11-18절에 따라서 "네가 필요한 만큼(먹을 만큼)"(soviel du brauchst)이다. 이 말씀은 출애굽한 이스라엘 백성이 굶주림으로 불만과 불평을 토하자 하나님이 메추라기와 만나를 내려 주어서 배불리 먹였다는 기사에 나온다. 하나님은 모세에게 밤에 내린 만나를 식구들이 "먹을 만큼" 거두어서 먹고 남기지 말 것을 백성들에게 고할 것을 명령했다. 그러나 어떤 사람들은 욕심을 내서 과도하게 거두어 두었다고 아침에 보니 벌레가 나서 먹지 못하게 되었다는 것이다.

그 밖에도 이번 독일 개신교회 신도대회는 주제 성서를 출애굽기 외에도 미가서 4장 4-5절 "사람마다 자기 포도나무와 무화과나무 아래 앉아서, 평화롭게 살 것이다. 사람마다 아무런 위협을 받지 않으면서 살 것이다. 이것은 만군의 주께서 약속하신 것이다"와 신약성서 고린도전서 12장 27-29의 "여러분은 그리스도의 몸이요, 한 사람 한 사람은 그 지체입니다"를 택했다.

이 독일 개신교회 신도대회 주제는 오늘날 우리가 직면하고 있는 신자유주의적 세계경제 체제에서 탐욕에 사로잡힌 1% 인간의 과도한 재산 축적으로 99% 다수의 인간이 굶주림과 고통에 신음하는 불의한 세계 현실을 분명히 드러내는 것이다. 특히 독일의 모든 그리스도인에게 주지시킴으로써 교회와 그리스도인들이 이 땅에서 자행되는 불법과 그로 인해서 발생하는 모든 불화를 종식시키고 거기에 정의와 평화를 실현하기 위하여 일하도록 하는 데 목적을 두고 있다.

이 개신교회 신도대회의 프로그램은 거대한 광장에서 열리는 개회 예배와 함께 3회에 걸쳐 오전에 성서 연구가 진행되고 또 대회 주제에 대한 저명한 정치가들의 강연들이 진행된다. 그리고 대회의 주제에 따른 다양한 하부 주제를 다루는 여러 개의 강연회와 토론회가 전개된다. 하지만 신도대회는 여기에 머물지 않는다. 신도대회에서 제기되고 논의되고 결의된 내용이나 또는 특정 주제에 대해서 5만 명 이상의 서명을 받게 되는 경우, 예를 들어 독일 내에서 외국인들의 인권이 차별을 받는다든지, 독일 기업들의 법인세가 노동자들의 소득세에 비해서 너무 적다든지 하는 문제, 즉 정의 실현 문제의 개선이 결의되면 그것은 신도대회 본부가 취합해서 독일 정부와 의회에 보내서 개선책을 마련하도록 독일 전체 교회의 이름으로 촉구한다.

이러한 예배와 성서 연구 그리고 강연과 토론 등의 많은 사람이 함께 모이는 행사들 외에도 약 200여 개의 부스로 이루어진 '가능성들의 시장Markt der Möglichkeiten'이 열린다. 이것은 마치 프랑크푸르트나 시카고 등지에서 열리는 자동차 전시회나 가전제품 전시회처럼 인간이 살아가는 데 있어서 의미 있는 다양한 가능성들을 선전(판매)하는 곳이다. 특히 다양한 그리스도교적 세계관과 삶의 방식을 선전하는 것으로, 예를 들면 기독교적으로 사는 기독교인들의 삶의 방식들, 혹은 환경 파괴를 막기 위한 다양한 먹을거리 전시, 정의롭게 살아가기 위한 다양한 세계관, 남녀평등을 위한 삶의 모델들 등등 이루 말할 수 없는 내용들이 이 가능성의 시장에서 전시되고 팔려나간다. 따라서 이 신도대회에 참석한 젊은이들은 이 시장에서 배운 것으로 자기들의 미래적 그리스도인의 삶을 설계한다.

여기서 이 개신교 신도대회에서 재독 한국인들과 한국 문제와 관련되어 제기되었던 문제를 소개해 보겠다. 1979년 베를린에서 열렸던 신도대회에서는 베를린에 있는 한인 교회(담임목사 정하은)의 주관으로 재독 한인 간호사들의 처우 문제를 제기하여 5만 명 이상의 서명을 받아서 독일 정부와 의회에 보내서 해결한 적이 있다. 당시 독일에서 일하던 외국(한국)인 광부들이나 간호사들은 5년의 계약기간이 지나면 자동적으로 본국으로 귀국하도록 되어 있었다. 그런데 5년 정도 독일에서 일하고 나면 다시 자기 나라에 돌아가서 적응하거나 취업하는 것이 힘들었다. 그래서 한인 교회는 그들이 5년 계약기간이 끝나더라도 본인들의 요구나 고용주의 요청에 따라서 계약을 무제한 허용할 것을 요청했고 그것이 받아들여져서 한국인 노동자들이 계속해서 체류하며 일할 수 있게 법제화되었다. 이것은 재독 한인들의 인권 신장에 크게 기여했고 따라서 그곳 한인들은 이러한 교회의 노력에 크게 고무되었다.

다른 하나는 1981년 함부르크에서 열렸던 독일 개신교 신도대회에서 있었던 일이다. 그해는 한국에서 광주항쟁이 일어나고 전두환 등 신군부 세력이 무력으로 진압 작전을 펴서 무수한 생명이 희생당한 다음해였다. 이번에는 재독한인교회협의회가 주동이 되어 "사람들이 잠잠하면, 돌들이 소리 지를 것이다"(누가 19:40)라는 주제로 광주항쟁과 그 처참한 학살 장면 사진들을 전시하고 사람들의 서명을 받았다. 이때도 6만여 명의 서명을 받아 독일 정부와 의회에 보내서 적절한 외교적 조처를 취할 것을 요구했다.

이 대회에 한국의 기독교장로회 대표단 8명이 독일 교회의 초청을 받아 참석했는데 당시 기장의 총회장이었던 진주의 강 모 목사는 두려워서 벌벌 떨면서 전시장 근처에도 오지 못하고 피해 다니던 것이 기억에 남는다. 사정을 잘 알지 못하는 독일에 사는 한인 교인들은 그를 비겁한 인간이라고 비난했다.

또 다른 경험은 대한예수교장로회 목사들과 관련된 것이었다. 1983년 5월 갑자기 연락도 없이 독일 개신교회 신도대회가 열리기 하루 전에 대한예수교장로회 목사 5명이 프랑크푸르트에 도착했다. 그들을 안내해 줄 독일 교회나 한국 교회 목사들이 전무한데 그들은 무조건 나에게 전화를 걸어 도움을 청했다. 나는 우리 집에서 하룻밤 재우고 그들을 데리고 하노버로 떠났다. 잠자리 얻기가 어려울 것 같아서 나는 집에서 담요 등을 준비해서 자동차 트렁크에 가득 싣고 갔다. 아니나 다를까 작은 도시인 하노버에는 호텔은 말할 것도 없고 교회당에도 신도대회 참가자들로 가득 들어차 우리 일행이 몸 붙일 잠자리가 없었다. 나는 안내소 청년들을 따라서 근처에 있는 농구장으로 차를 몰고 갔다. 거기도 젊은이들로 이미 빈틈이 없었다. 날은 벌써 저물고 다른 데 가봐야 사정은 마찬가지일 것 같아서 무조건 농구장 안으로 들어가서 한편에 젊은이들이 누워 있는 옆으로 가서 그들에게 자리를 좀 내줄 것을 부탁했다. 겨우 4~5명이 누울 자리가 생겨서 나는 목사님들에게 사정을 설명하며 거기서 잘 수밖에 없다고 말했다. 한국의 근엄한 목사님들은 기분이 좋지 않은 것 같았다. 특히 예장통합 같은 비교적 큰 교단에서 목회하는 목사들은 항상 대접만 받고 지내다가 갑자기 체육관 바닥에서 담요 한 장을 깔고 자야 하니 난감해 했다. 그러나 그 상황에서는 어찌할 도리가 없었다.

그 근엄한 목사들에게 더 큰 문제는 화장실이었다. 잘 알다시피 체육관 변소는 공중변소인데다가 소변기들은 노출되어 있고 대변기들도 칸막이만 있지 문도 달려 있지 않았다. 게다가 대변기들과 소변기들의 반대쪽에는 샤워 시설이 되어 있어서 거기서는 많은 젊은 남녀가 벌거벗은 채 샤워를 하고 있었다. 독일 젊은이들은 샤워하러 갈 때 자기들이 잠자는 곳에서부터 옷을 다 벗고 샤워장까지 가는데 우리 옆에서 자는 젊은 남녀들도 옷을 훌훌 벗고는 변소가 달린 샤워장으로 가는 것이었다. 나도 기숙사 샤워 시설을 사용한 적이 있고 기숙사에 사는 남녀 학생들도 방에서부터 옷을 다 벗고 복도를 지나 샤워장까지 오고갔다.

당황해서 샤워는 고사하고 변소에도 가지 못하는 예장 목사님들을 잘 설득해서 변소에도 보내고 소란스러운 젊은이들 가운데서 자게 했다. 그렇게 3일간을 그 농구장에서 자면서 목사님들을 안내하고 통역하고 식사까지 대접했다. 나는 기진맥진하여 3일째 행사가 다 끝나기도 전에 그들을 데리고 프랑크푸르트로 돌아와서 다시 우리 집에서 하룻밤을 재우고 한국으로 보냈다.

그들을 한국으로 떠내 보내고 나니 기분이 몹시 개운치 않았다. 이미 네 번의 개신교 신도대회를 경험했기 때문에 이번에는 참석하지 않으려고 했다. 그런데 한국에서 목사들이 들이닥치고 도울 사람이 없어서 그들을 안내한 것이다. 그들은 사실상 독일 교회의 초청을 받아서 온 사람들인데 왜 내가 그들을 위해 막대한 비용을 치르고 제대로 잠도 못 자고 일일이 안내와 통역을 하면서 곤욕을 겪어야 한다는 말인가? 그리고 한국 사람(목사)들이 늘 그러하듯이 그 신도대회의 주제나 의의에 대해서는 별로 관심을 기울이지 않고 마치 관광객처럼 대충대충 겉핥기식으로 둘러보는 식이어서 정성들여 열심히 안내하거나 통역하기도 싫었다.

이렇게 독일의 신도대회에 대해서 무지하고 관심도 없는 사람들을 왜 독일 교회는 막대한 돈을 들여서 초청하는가? 그와 유사한 경험은 이미 함부르크 신도대회에 초청되어 온 한국기독교장로회 목사들에게서도 발견했던 점이다. 그들은 시간만 나면 내 안내를 받아 백화점에 가서 교인들이나 가족들에게 줄 선물을 쇼핑할 생각만 했지 신도대회의 주제나 논쟁점 같은 것에는 별반 관심이 없었다.

그런 경험은 독일 베를린에서 있었던 한국과 독일 교회협의회에서도 경험한 바 있다. KNCC를 통해서 이 협의회에 참석한 각 교단의 장들이나 대표자들은 협의회의 주제나 주제 강연 그리고 토론 내용을 제대로 알고 참가하는 이들이 거의 없다. 그들은 선교나 에큐메니칼 운동에 대한 전문성이 전혀 없는 교단의 장들이어서 내가 통역을 하면서 그들을 이해시키려고 아무리 노력해도 전혀 소용이 없었다.

무엇보다도 한심한 것은 한국 사람들이 자기들이 알지 못하면서도 열심히 배우려고 하지 않는 것이다. 오래전 세계교회협의회 5차 총회가 아프리카 나이로비에서 열렸는데 거기에 다녀온 대표가《기독교사상》잡지에 보고서를 쓴 것을 읽고 나는 아연실색했다. 그는 그 대회의 주제나 논점 등 중요한 사안은 하나도 다루지 않고 회의의 분위기만 대충 적어 놓았다. 추장이 무슨 요란한 옷차림을 하고 나타났다든지 아프리카 여인들이 지푸라기 같은 옷을 입고 나와서 북소리에 맞추어 요란한 춤을 추었다든지 하는 것을 참가보고서라고 내놓았다.

스웨덴 왕 구스타프 기념식 참가기

독일에서는 매년 10월(?)에 스웨덴 왕 아우구스트 구스타프를 기념하는 행사가 열린다. 종교개혁 당시 개신교회가 가톨릭 영주들의 단체인 데사우동맹Dessauer Bund의 군대에 밀려 고전할 때 스웨덴 왕 구스타프가 대군을 이끌고 독일로 진군하여 남부 독일의 바이에른Bayern 주까지 밀고 들어온 일이 있었다. 이렇게 가톨릭 세력에 의해서 박해받는 개신교회 세력을 지원한 구스타프의 지원을 기념하여 독일에서는 많은 교회가 기념식을 갖고 모금을 하여 소수파 개신교인들이 살고 있는 유럽의 이탈리아, 스페인, 포르투갈, 프랑스 등에 지원을 했다.

우리 한인 교회의 활동을 TV 등을 통해서 보아 온 몇몇 교회에서 자기들의 기념식에 우리를 초청했다. 그중에서도 프랑스 국경에 있는 팔츠 지방 교회의 한 개체 교회에 우리 교회 성가대가 참여했던 것이 기억에 남는다.

그곳은 독일에서도 매우 외진 곳이어서 우리 한인 교회의 성가대가 온다는 소식이 전해지자 커다란 플래카드를 곳곳에 내걸고 작은 도시 전체가 행사에 참가했다. 그 행사를 주관했던 울리히Ulrich 목사는 술을 매우 좋아하는 목사였는데 준비 모임에서부터 포도주에 취한 채 한국산 술을 그 모임에서 팔아서 돈을 더 많이 모으자고 했다. 그는 300Km나 떨어진 뒤셀도르프Düsseldorf까지 나가서 일본산 사케(정종)를 열 병이나 사다가 준비해 놓았다. 울리히 목사는 술에 취한 채 700여 명이 참석한 기념예배를 집전했는데 설교단에 기대어 설교를 하다가 말고 자기가 힘들어서 간단히 하겠다고 하고는 내려왔다. 덕분에 예배는 의외로 짧게 끝났다. 물론 우리 교회의 성가대는 아름다운 한복으로 차려입고 여러 독일 찬송과 한국 찬송을 노래함으로써 독일 시골 사람들에게 즐거움을 주었다.

예배가 끝나고 빵과 수프로 간단한 점심 식사를 한 다음 사람들은 울리히 목사의 광고에 따라서 정종 한잔씩을 사 먹으려고 길게 줄을 서서 기다렸다. 우리는 소주잔 같은 작은 잔에 정종을 부어 주고는 5마르크씩을 받았다. 상당히 비쌌지만 독일 사람들은 처음 먹어 보는 술인지라 호기심을 갖고 기다렸다. 내 아내가 술 사먹는 사람들의 이름을 A4 용지에 한글로, 붓글씨로 써주었더니 어떤 사람은 그 이름을 집의 벽에다 붙여 놓았다고 전화하기도 했다.

이 행사에서 모금하고 술을 팔아서 번 돈 약 6,000마르크는 후에 고난 받는mitarbeiter 한국의 그리스도인들에게 보내기로 하고 내가 준 한국교회협의회 계좌로 송금했다고 들었다. 가톨릭 세력에게 고난 받은 개신교인들이 모은 돈을 한국의 독재정권에 의해 고통당하고 감옥에 간 사람들을 위해서 쓴 것이다.

전두환 독일 방문 반대 데모

광주에서 온갖 만행을 저지른 전두환이 독일에 온다고 했다. 재독
한인교회협의회는 즉시 반대 집회를 당시 독일의 수도인 본Bonn에
서 열기로 했다. 장성환 목사가 근무하던 곳이 그곳이고 거기에 한
인들이 가장 많이 살고 있었기 때문인데 다른 지방에서 그곳까지
간다는 것은 쉬운 일이 아니었다.

우리는 300여 명이 모여 삼위일체교회Ev. Trinität Kirche에서 예
배를 드리고 나서 본의 큰 광장을 향해 행진을 시작했다. 앞뒤에서
구호를 외치면서 좁은 길을 행진해서 큰길로 나가는데 준비한 스피
커가 고장 나서 소리가 잘 들리지 않았다. 우리를 보호하면서 같이
따라가던 경찰이 답답한지 자기들이 가지고 있던 성능 좋은 스피커
를 빌려 주면서 우리에게 잘해 보라고 한다.

큰 광장 동상 앞에서 한국말로 된 성명서를 읽고 다음으로 내가
아까 경찰이 빌려 준 스피커로 독일어로 된 전두환 방문 반대성명서
를 읽었다. 데모가 끝나고 참가자 대부분이 헤어지고 나서 한신대
학교 출신 참가자들은 따로 모여서 간단한 데모 행사를 좀 작은 광
장에서 열었다. 그때 우리를 한 사람씩 일일이 사진 찍는 독일인이
있었다. 대사관에서 사람을 사서 사진을 찍는 것이 분명했다. 그 사
람이 내 근처에 왔을 때 내가 그에게 '통일교'냐고 물으니 나도 그
소속인 줄 알고 그렇다고 대답하고는 계속해서 사진을 찍었다.

합동예배

서독의 헤센Hessen 주는 통일 이전의 12개 주 가운데 하나로 비스바덴Wiesbaden이 수도였다. 프랑크푸르트는 헤센 주에서 가장 큰 도시다. 미국의 뉴욕과 같이 상업과 금융의 중심도시로 이 도시에는 세계의 모든 은행과 금융회사가 모여 있다. 프랑크푸르트 시내에는 독일의 다른 도시들과는 달리 거대한 현대식 고층 건물들이 즐비한데 대개는 은행들과 호텔들이다. 따라서 프랑크푸르트는 메세Messe(박람회장)로 유명한데 자동차나 가전제품 등을 비롯하여 온갖 상품 박람회가 1년 내내 열린다. 그래서 오고 가는 사람들이 많아서 호텔들도 발달해 있다.

한국인들은 매주 일요일에 대학과 메세 근처에 있는 '그리스도의 교회'에 모여서 예배를 드렸다. 교인들은 주로 광부와 간호사로 돈 벌러 와서 독일인으로 정착한 사람들과 프랑크푸르트 대학이나 음대에서 공부하는 유학생들 그리고 파견 나와 있는 한국 대기업의 주재원들로 구성되어 있다.

이 독일 교회는 시내 한가운데 있어서 독일인들이 교외로 이주하고 외국인들이 시내로 들어와 살게 되어 독일인 신자들은 10명 내외가 모였다. 물론 등록된 독일인 교인들은 2,500여 명이나 되었고 따라서 목사도 2명이나 할당되어 있었으나 출석률은 매우 저조했고 그것도 노인들만 모였다. 그렇다고 교회 문을 닫을 수도 없는 일이기에, 교회 본부는 이 교회를 외국인들의 교회들과 공간을 나누고 공동의 프로그램을 짜서 운영하기로 에큐메니칼 협약을 맺었다. 이 협약에 동참한 교회들이 한국 개신교회와 세르비아 정교회 그리고 아프리카인들의 교회였다.

이리하여 교회의 공간들을 나누어 교회당 앞쪽 2층의 자그마한 기도실은 교인 출석수가 가장 적은 독일 교회가 사용하고 교회 뒤편 2층 약 150명이 들어가는 중간 방은 한인 교회가 사용하고 그리고 교인 숫자가 가장 많은 세르비아 정교회가 본교회당을 사용하기로 했다.

아프리카교회는 짐바브웨 출신의 루터교회 목사가 목회를 했는데 프랑크푸르트에 아프리카인들은 많이 살고 있었지만 예배에 참여하는 인원은 많지 않았다. 아프리카 대륙에 많은 나라가 있는데 짐바브웨 출신 목사 한 사람이 전체 아프리카인들을 대상으로 목회한다는 것은 불가능한 일이다. 아프리카는 대륙 아닌가. 인종도 언어도 다양하다.

1년에 두 번 정도 합동예배를 드렸지만 세르비아 정교회의 고집으로 그들의 의식으로 예배를 드렸다. 의자도 없이 서서 약 3시간 정도의 익숙지 않은 의식을 따라하는 것은 독일인들이나 한국인들에게는 여간 고역이 아니었다. 만일 정교회 측에서 세례식이라도 하게 되면 시간은 30분 정도 늘었다. 이렇게 지루한 예배를 보는 정교회인들은 수시로 밖으로 나가서 담배도 피우고 술도 한잔씩 하고 들어왔다. 우리로서는 도저히 이해할 수 없었다.

WCC 총무와 함께

　예배가 끝나면 모든 사람이 세르비아 방식의 식사를 하는데 우
선 그들은 예배에서 끝나자마자 교회 지하실에 커다란 나무통에 저
장해 둔 과일로 만든 유고식 독주인 슬리보비차Slivovitsa를 마신다.
독일 교인들과 한국 교인들에게도 이 술을 권하는데 술이 너무 독해
서 마실 수가 없었다. 이렇게 공동예배를 드리고 나면 식사도 같이
하고 음악도 같이 들으면서 축제를 벌였다.

아이들의 견신례(Konfirmation)

'그리스도의 교회' 공동 프로그램 가운데 하나는 견신례 교육을 같이 해서 13~14세 되는 아이들에게 견신례를 행하는 것이었다. 세르비아 정교회는 자기들의 독특한 전통으로 우리와 같이 하지는 못했지만 독일 교회와 한인 교회에 나오는 아이들은 약 1년 동안 토요일 오후마다 모여서 3시간 정도 기독교에 대한 교육을 받았다. 이 교육은 주로 독일 목사들이 담당하지만 나도 몇 차례 참가하여 한국의 교회들을 소개하기도 했다.

독일기본법(헌법) 7조 3항에 따라서 초중등 공립학교에서 종교 교육을 의무적으로 실시하고 있기 때문에 아이들은 김나지움의 경우 13년 동안 1주일에 2시간 정도 종교 교육을 받는다. 그래서 아이들이 성서나 기독교에 대한 기본 지식들을 가지고 있으나 견신례 교육에서는 좀더 구체적인 것들, 예를 들면 세계 선교나 제3세계에서의 교회 활동 등을 가르친다.

독일 부모들은 교회에도 잘 출석하지 않고 단지 부활절이나 성탄절 같은 절기에만 참석하는 일종의 명목상 그리스도인들이지만 자기 자녀들에게 견신례 받는 것을 적극 권장한다. 그리고 견신례는 그 집안에서 대단히 중요한 행사여서 견신례 받는 날이면 가까운 가족들은 거의 다 참석하여 축하해 주고 견신 받는 아이에게 커다란 선물도 준다. 아이들에게 견신례를 받게 하려고 부모들은 오토바이나 전축 등 값비싼 선물을 약속하기도 한다. 그래서 어떤 아이들은 선물에 혹해서 견신례를 받기도 한다.

부모의 의지로 유아세례를 받았던 아이들이 어른이 되어서도 신앙생활을 하겠다는 것을 확인confirm하는 것이기 때문에 견신례를 Konfirmation이라고 한다. 소득세의 10% 정도를 종교세로 내는 독일의 경우 이 Konfirmation은 곧 앞으로 성인이 되어 수입이 생기면 종교세를 내겠다는 것을 확인하는 절차다. 따라서 독일에서 헌법에 보장된 종교세를 거둘 수 있는 가톨릭교회와 개신교회들(루터교와 장로교)에게 견신례 집행은 곧 교회의 재정 수입을 확약 받는 행사이기도 하다. 독일 정부(세무소)는 소득세나 여타의 세금을 징수할 때 약 10%의 종교세를 같이 징수해서 약간의 수수료를 떼고는 그것을 위에서 언급한 교회들로 넘긴다.

견신례를 받는 아이들은 부모가 사준 양복을 차려 입고는 대개 토요일에 교회에서 집행되는 견신례 행사에 참석한다. 이 행사에는 부모들은 물론 가까운 친척들도 참석해서 견신례 받는 아이들을 축하해 주고 선물도 주고 나서는 식당 같은 데서 성대한 축하행사를 벌인다.

본회퍼 목사 처형지 탐방기

우리 부부는 독일에 살면서 항상 마음에 커다란 짐을 하나 지니고 있었다. 그것은 나치 시절 처형당한 디트리히 본회퍼 목사의 처형 장소와 그 묘소를 찾아서 참배하는 일이었다. 여러 사람에게 물어보니 그의 묘소는 없고 그가 처형당한 곳은 바로 독일 남부 바이에른Bayern 주와 체코 국경 사이에 있는 플로센뷔르크의 작은 집단수용소라고 했다. 우리가 사는 프랑크푸르트에서 600Km 이상 떨어진 곳이고 고속도로보다는 지방도로를 타고 가야 하기 때문에 6~7시간 걸릴 것 같았다.

우리는 아침 일찍 집을 떠나서 지방도로를 타고 거의 1시가 다되어서 약 1,500명 정도가 사는 작은 동네에 도착했다. 이 동네는 1938년 5월 플로센뷔르크Flossenbürg 및 체코슬로바키아 국경 근처의 독일 바이에른 주 숲의 외딴 지역에 있는 집단수용소의 주요 경제행정사무소에 의해 지어진 나치 강제 수용소다. 동네에는 아무 것도 없었다. 길가에 서 있는 노인에게 물으니 이 언덕을 넘어가면 집단수용소 자리가 보인다고 한다.

먼 길을 왔기에 배가 고팠다. 우리는 우선 근처 식당에 들어갔다. 나는 유명하다는 슈바인스학세Schweinshaxe 즉 독일식 돼지족발을 시켰고 아내는 소고기 스테이크를 주문했던 것 같다. 그 양이 얼마나 많은지 두 사람이 하나를 나누어 먹을 정도로 푸짐했다. 늦은 점심을 먹은 우리는 천천히 집단수용소를 찾아갔다.

다른 수용소들처럼 정리도 되지 않았고 들어가는 입구에 수용소 한 동이 폐허에 서 있고 그 앞에는 본회퍼와 한스 폰 도나니 등 7명의 이름이 적힌 작은 나무판대기 하나가 초라하게 걸려 있었다. 그 서판을 사진 찍어 한국에 가지고 와서 본회퍼를 연구하는 사람들에게 사진틀에 넣어서 나누어 주기도 했다. 본회퍼의 개인 묘지는 찾아볼 수 없었다. 다만 돌무더기를 크게 쌓아 놓고 그 앞에 큰 비석 같은 것들을 일렬로 세우고는 독일인 3,000명, 폴란드인 2,500명, 체코인 300명이라고 적어 놓았다.

수용소 한편에 작은 교회가 서 있었는데 담쟁이 넝쿨을 뒤집어쓰고 있어서 관리를 제대로 하는 것 같지 않았다. 관리하는 사람도 안내문도 기억에 남지 않는다. 그야말로 폐허나 다름없었다. 찾아오는 사람도 볼 수가 없었다. 멀리 한국에서 온 우리 부부만이 폐허 한가운데 서 있었다. 우리는 한참 동안 이리저리 돌아다니며 뭔가 남겨진 것이 없는지 찾아보았지만 아무것도, 아무도 없었다.

해가 슬슬 넘어가기 시작했다. 우리는 그곳을 떠나서 다시 점심을 먹었던 식당으로 가서 저녁을 주문하면서 자고 갈 호텔을 소개해 달라고 부탁했다. 식당 주인은 4개 있는 호텔들에 전화를 해보고는 빈 방이 없다고 했다. 민박 같은 것은 없느냐고 물으니 식당 주인은 친절하게 식사 후 밖으로 나와서 멀리 있는 집을 가리키며 그 집 앞에 가서 차를 세우고 "뮐러 부인!" 하고 소리치면 잘 수 있는 방이 생길 것이라고 알려줬다. 우리가 그 집 앞에 차를 세우고 큰 소리로

"뮐러 부인!" 하고 부르자 전형적인 뚱뚱한 독일 아주머니가 나오더니 어디서 왔느냐고 물으면서 들어오라고 했다. 집으로 들어가니 자기가 쓰는 방인데 그곳에서 자고 아침까지 챙겨 줄 테니 60마르크만 내라고 했다. 호텔에 비해서 반값도 되지 않았다.

저녁에는 거실에 나와서 다른 손님 하나가 더 낀 자리에서 환담을 나누었다. 그러자 주인아주머니가 포도주 한 병을 가지고 나왔다. 이웃 나라인 체코산이란다. 그 여인은 본회퍼가 누구인지도 모르지만 그 사람을 찾아와서 몇 사람이 자기 집에서 자고 갔다면서 방명록을 내놓았다. 방명록에는 한국인 이름은 없었다. 우리는 한글로 이름과 그곳에 온 목적을 써넣었다.

본회퍼는 베를린의 테겔 형무소에 갇혀 있었다. 나치는 연합군들의 폭격이 심해지자 수용자들을 동떨어진 시골 바이에른으로 옮겼다. 본훼퍼는 옮겨지는 과정에서도 러시아인들 사이에서 러시아어를 공부했고 살아남은 미국인과 이런저런 대화를 남겼다고 전해진다. 1945년 4월 9일 이른 아침 본회퍼는 교수형에 처해졌다. 본회퍼는 다음과 같은 말을 마지막으로 남기고 교수대로 끌려 나갔다.

"이것이 마지막입니다. 그러나 나에게는 삶의 시작입니다."

"용서하라, 그러나 잊지 마라"
― 독일 나치수용소 탐방기

독일 체류 13년 동안 많은 곳을 여행했다. 알프스를 인접하고 있는 독일 남부지방에는 아름다운 자연 경관과 함께 역사적 장소들이 많다. 그중에서도 루드비히 2세가 지었다는 아름다운 백조의 성 노이슈반스타인은 특별히 잊을 수 없다. 아름다운 알프스 산과 호수를 내려다보고 서 있는 이 성에 오르면 나처럼 평범한 감성의 인간이라도 금방 잘 생긴 왕자가 되어 정원을 거닐면서 아름다운 공주와 사랑을 나누고 싶은 충동에 사로잡힌다. 음악가 바그너와 친밀하게 지냈다는 예술의 왕 루드비히 2세는 바그너의 연주를 듣기 위해서 성 안에 정말 아름답게 장식한 음악당을 만들었는데 그 홀이 잘 보존되어 있다. 이런 아름다운 환경에서 살았던 루드비히 2세는 정신착란증으로 호수에서 익사했다지만 그의 예술에 대한 애정은 그 성의 아름다움만큼이나 지극했던 것 같다.

여행 일정을 10월 초로 잡으면 돌아오는 길에 뮌헨에 들러 맥주축제Oktoberfest에 끼어들 수 있다. 끼어든다는 것은 도시 한가운데 광장에 임시로 만든 커다란 천막 안에 사람들이 나무 식탁들과 의자들에 앉아 맥주를 마시는데 그곳 어디엔가 빈자리가 있으면 섞여 앉게 되는 것을 말한다. 뚱뚱하지만 애교 어린 표정의 여인들이 두 손에 10개 이상의 맥주잔을 들어 가져오는 맥주로 여독을 푼다.

맥주 안주로 그곳 특산물인 소시지를 겨자에 찍어 사우어크라우트 Sauerkraut를 곁들여 먹는 맛은 정말 환상적이다. 사우어크라우트는 양배추를 잘게 썰어 절인 독일식 김치로 김치찌개 같은 신맛을 낸다. 간이무대에서 바이에른 지방 특유의 짧은 가죽 바지를 입은 사람들이 연주하는 음악에 맞추어 옆 사람들과 어깨동무를 하고 좌우로 흔드는 춤을 추다 보면 축제의 흥은 절정에 이른다.

이 뮌헨의 10월 축제에는 유럽은 말할 것도 없고 미국과 아시아 등 전 세계에서 사람들이 몰려오는데 축제기간 동안 대략 600만 명 정도가 참가한다고 한다. 여기에 참석하려면 1년 전부터 호텔을 예약해 두어야 한다. 사람들은 2주일 가까이 계속되는 이 축제에 참가해 맥주를 실컷 마시며 한 해 동안의 스트레스를 풀고 돌아간다.

이런 축제에서 느낀 것은 독일인들이 지극히 단순한 것들로 즐겁게 지낸다는 것이다. 그들은 맥주와 소시지 그리고 통닭 등 간단한 음식을 먹으면서도 즐거움을 만끽한다. 고급 술집에서 하룻저녁에 수십, 수백만 원을 탕진하는 퇴폐 행위를 일삼는 우리네의 향락 문화는 찾아볼 수 없다. 음악이 있으나 우리네 유행가처럼 한에 찌들지 않았다. 춤이 있지만 우리네 행락객들이 보여주는 것과 같은 퇴폐적이거나 무질서하지 않다. 술이 있지만 과음하거나 술주정이나 싸움질은 없다. 쾌락이나 향락이 아닌 삶의 기쁨이 넘치는 곳이 뮌헨의 10월 축제다. 작은 것으로 만족하고 단순한 것에서 기쁨을 찾는 것이 독일인들의 축제다.

그런데 내가 여기서 소개하자고 하는 것은 실은 역사의 흔적이

담긴 백조의 성의 아름다움이나 독일인들이 즐기는 뮌헨의 10월 축제가 아니다. 독일인들 아니 히틀러의 폭정에 시달리던 양심적 독일인들과 그리고 유대인 말살정책으로 수많은 사람을 가두고 고문하고 가스실에 넣어 죽게 했던 나치의 집단수용소인 다하우Dachau를 소개하고 싶은 것이다.

뮌헨에서 차를 타고 고속도로를 달리다가 뉘른베르크 방향으로 약 60Km 지점에서 좌회전을 해서 30분쯤 가면 인구 2,000명 정도가 사는 자그마한 도시 다하우가 나온다. 이 도시는 도시라기보다는 시골 풍치를 담고 있는 평범한 농촌 마을이다. 그러나 이 마을은 근처에 연합군 점령 이래 잘 보존되어 있는 집단수용소로 유명하다. 집단수용소라고 하면 폴란드 땅에 있는 아우슈비츠를 먼저 떠올리게 되는데 다하우는 그 규모는 작지만 현재 독일 안에 있기에 유명하다.

다하우 집단수용소는 히틀러가 집권하고 나서 정치범들을 수용하려고 1933년에 최초로 세운 시설로 약 12년간 지속되었다. 그동안 약 20만 명의 구금되었고 그중 41,500명이 처형되었다. 1945년 4월 29일 독일이 연합군에 점령되었을 때 살아남았던 사람들은 석방되었다. 1965년에 바이에른 주 정부의 지원으로 이 수용소가 현재의 모습으로 보존되게 되었다. 수만 평에 달하는 수용소 부지에는 나치의 만행을 기억하고 또 그곳에서 희생된 이들을 추모하기 위한 시설들이 보존되어 있다. 이러한 보존은 실상 연합군에 의해서 된 것이며 신나치 성향을 가진 이들은 수용소 보존을 반대하기도 했다. 그러나 독일인 대부분은 후세에 경고와 교육을 위해서 이 시설물을 보존하는 것에 동의한다.

나치가 만들었던 철조망이 둘러쳐진 영내로 들어서면 전시실과 영사실이 있어서 당시의 참상을 여실히 보여준다. 인상적인 것은 많은 독일의 중고교 학생들이 역사 시간에 공부의 일환으로 이곳을 찾아오고 있다는 것이다. 교과서를 통해서 과거 독일인들의 잘못된 잔혹성을 그대로 소개할 뿐만 아니라 학생들에게 현장 학습을 시킴으로써 전쟁과 독재, 인종주의와 이념적 광기가 가져다준 인간에 대한 비극과 폐해를 가르쳐 기억하게 한다. 이 점에서 독일인들은 역사를 은폐하고 왜곡하려고 얄팍한 술수를 쓰는 일본인들과는 크게 다르다는 생각이 든다.

전시장을 나오면 큰 운동장 같은 곳에 당시 유태인들을 수용했던 막사 몇 개가 원형 그대로 보존되어 있다. 판자로 만든 비좁은 침대에서 구금자들은 2~3명씩 끼어서 자야 했고 화장실은 원시적이었다. 구금자들이 많을 때는 아무데나 땅바닥에서 자기도 했고 세면대나 샤워 시설은 턱없이 부족했다. 물론 갈아입을 옷도 없었고 빨래 같은 것은 할 수도 없었다.

막사를 건너질러 운동장 한편 구석으로 가면 화장장 건물들이 나온다. 샤워장처럼 만들어진 건물로 사람들이 옷을 벗는 공간을 지나 들어가면 천정에 샤워꼭지들이 몇 개씩 달린 방이 나오는데 이곳이 가스실이다. 여기에 사람들이 들어와 샤워 물 나오기를 기다리면 물대신 독가스가 나오고 사람들은 2~5분 사이에 사망하게 된다. 그 옆으로 가면 시체들을 불태우기 위한 화장장의 방들이 나온다.

이 화장장 건물들이 운집해 있은 곳으로 들어가는 입구 왼편에는 보통 사람 키보다 조금 작은 동상이 하나 서 있다. 이 동상은 이 집단수용소에서 희생된 한 유대인 어린이를 모델로 한 것 같았다. 굶고 허기지고 영양실조에 걸려서 문자 그대로 피골이 상접한 모습이다. 그의 표정은 언제 죽임을 당할지 알 수 없는 상태의 불안과 절망 그리고 처절함을 보여준다. 사진 자료들에 나오는 죽임을 당하기 직전에 구출된 사람들의 처참한 몰골을 그가 대변하고 있다.

이 동상을 받치고 있는 1미터 남짓한 받침대 앞에는 다음과 같은 글귀가 새겨져 있다. "용서하라, 그러나 잊지 마라"(Vergeben! aber nicht Vergessen!).

이 말은 누가 누구에게 하는 말인가? 대체로 희생당하고 수난 당했던 이들이 같은 동지들, 아니 거기서 살아남은 인간들과 후세들에게 하는 절규의 말 그리고 권면의 말일 것이다. 하나님의 침묵, 아니 그의 부재 속에 인간으로는 생각할 수 없는 온갖 수모와 고통을 당하고 마침내는 가스실에서 죽임을 당한 사람들이 어떻게 그들을 괴롭혔던 나치들을 용서할 수 있을까! 아직도 네오 나치들이 히틀러의 제3제국의 영광을 못 잊어 하고 또 그를 찬양하고 있는 현실에서 어떻게 그 끔찍했던 과거의 범죄를 용서하고 잊을 수 있단 말인가!

1985년 5월 8일 당시 서독 대통령 바이체커는 제2차 세계대전

종식 40주년 기념사에서 "용서하라, 그러나 잊지 마라"라는 주제로 기념사를 했다. 그는 독일인들의 역사적 부채를 청산하기 위해서 자신들의 선조들의 만행들을 잊지 말아야 하며 희생자들과 화해하기 위해서 모든 노력을 다해 희생자들을 지원할 것을 호소했다. 그는 독일인들에 의해 고통을 당했던 유대인들과 이웃 나라 사람들의 용서를 정중하게 빌었다. 그뿐만 아니라 독일은 아직도 반나치법을 통해서 나치의 망령들이 되살아나는 것을 막고 있으며 이스라엘에는 400억 달라 이상의 보상을 했고 앞으로도 계속하기로 약속했다. 독일의 대도시마다 정부가 예산을 들여서 유대인들을 위한 시설들을 꾸준히 마련하여 사죄를 향한 조건들을 만들어 가고 있다.

이러한 노력을 통해서 독일은 1960년대에는 서유럽의 나라들과 화해를 했고 1970년대에는 동구의 나라들 특히 폴란드, 체코슬로바키아, 유고 등과 화해를 했다. 그리고 1980년대에 들어와서는 소련과 동유럽 나라들과 화해를 이루었고 마침내는 동서독의 통일을 달성하는 데까지 나아갔다. 이러한 용서를 위한 노력, 화해를 위한 노력이 없었다면 오늘날 독일의 번영과 통일은 불가능했을 것이다.

독일과 유사한 역사적 경험을 했던 우리의 현실은 어떤가? 한일 관계 청산이 제대로 이뤄지지 않은 상태에 있다. 여기에는 물론 가해자였던 일본 책임도 있다. 하지만 역사적 부채를 처리하는 데 우리도 너무나 철저하지 못했다. 용서하고 화해하는 일을 적극적으로 하기 전에 모든 것을 망각해 버린 것은 아닌가! 1960년대의 한일

국교정상화도 박정희 독재정권에 의해서 비상식적으로 이루어졌고, 그 결과 아직도 일본군 성노예 문제 등은 미해결 상태로 남아 있다. 그리고 박근혜 정부는 국정교과서를 만들어서 식민지 근대화론을 바탕으로 한 친일적 성향을 드러내고 나아가서 근대화와 산업화의 이름으로 아버지 박정희를 미화하려고 획책했다.

일본과의 관계 문제도 중요하지만 더욱 중요한 것은 분단된 남북 문제다. 남북이 분단된 지 30년 만에 7.4 남북공동성명서가 나왔고, 분단 40년이 넘어서야 겨우 남북 화해와 교류협력에 관한 합의서가 나왔다. 6.25와 같은 동족상잔의 과거가 존재하기는 하지만 우리는 과거 청산과 화해와 통일에서 너무나 소아병적인 상태를 벗어나지 못했던 것을 반성할 필요가 있다. 우리는 6.25를 맞이할 때마다 "상기하자 육이오. 무찌르자 오랑캐!"라고 외쳐 왔다. 6.25는 기억해야 할 것이다. 대리전쟁의 성격을 띤 동족상잔의 전쟁은 어떠한 구실을 가지고도 정당화될 수 없다는 것을 후세에게 가르쳐야 한다.

그러나 우리는 이제 더 이상 과거의 적대감을 계속 표출할 수는 없다. 이미 6.25전쟁에서 피를 흘린 세대들은 역사의 중심에서 후퇴했고 새로운 세대가 나라를 이끌어 가고 있는 것이 우리의 현실 아닌가! 그리고 과거의 세대들이 가졌던 원한과 적대감을 다음 세대에 물려주거나 강요하는 것은 우리 세대가 할 일이 아니다. 통일된 민주국가를 향해서 나아가는 길에서 무엇보다도 중요한 것은 과거를 과감하게 청산하고 전진하는 자세로 미래를 건설해 나가는 것이다.

남북 화해와 교류협력에 관한 합의서가 채택되었지만 그 후에 이어지는 회담들의 성과는 국민들을 안타깝게 하고 있다. 다시 7.4 남북공동성명서와 같이 모든 것이 휴지조각으로 돌아가는 것이 아닌가 하는 의구심도 생긴다.

독일 다하우에 있는 나치 집단수용소의 희생자를 기념하는 동상 앞에 새겨진 글귀 "용서하라. 그러나 잊지 마라!"고 한 충고를 다시 되새겨 본다. 역사가 알려주듯, 서로 용서하고자 하는 마음 없이는 남북의 화해도 협력도 나아가서 통일도 불가능하다.

부록

하이델베르크 대학에서의 학문 연구

박사 학위 논문 주제의 변동

지도교수 퇴트의 강의와 세미나에 참석하면서 나는 논문 주제에 대해서 늘 생각했다. 출국하기 전에 한국에서 생각했던 주제는 일차적으로 '독일 농민전쟁'에 관한 것이었다. 특히 토머스 뮌처 등 종교개혁 좌파들의 사상과 활동에 대해서 관심을 갖고 있어서 필요한 경우에는 한국의 농민전쟁인 동학운동과 거기에 나타난 12개조 요구사항과 독일 농민전쟁에서 제시되었던 12개 조항을 비교 연구하는 것도 생각해 보았다.

어느 날 저녁 퇴트 교수가 자택으로 초청을 했다. 그 자리에서 좀더 자세한 논의를 하기로 하고 그 하이델베르크 성 아래에 있는 작은 성채 같은 그의 집으로 찾아갔다. 퇴트 교수는 내가 농민전쟁에 대해서 논문을 쓰고 싶다고 하니 단번에 거절했다. 자기는 농민전쟁에 대한 전문가가 아니어서 논문을 지도할 수 없다는 것이다. 퇴트 교수는 한국에서의 본회퍼 수용을 주제로 연구해 보는 것이 어떻겠냐고 권했다. 그 이유는 다음과 같았다.

첫째, 퇴트 밑에서 일본에서 온 교단의 목사 스즈키 쇼조怜木正三가 일본에서의 본회퍼 수용에 대해서 박사 논문을 쓰고 있었다. 그래서 나도 그와 같은 방향에서 논문을 쓰는 것이 좋겠다는 것이다. 둘째, 퇴트 교수는 당시 독일 본회퍼학회 회장으로 나와 같이 1976년 1월에 스위스 제네바에서 열리는 제1회 본회퍼 국제대회에 다녀왔고 당시 나는 한국의 본회퍼 소개에 대한 간단한 페이퍼를 발표한 바 있었다. 그때 내가 발표한 내용이 좋았다면서 그것을 좀더 학문적으로 발전시켜서 학위 논문을 쓰고 그것을 국제본회퍼학회 등에도 알리자는 것이었다. 나는 그것에 대해 좀더 연구해 보겠다고 대답했다.

퇴트 교수와 이야기를 이어가다 보니 시간은 벌써 아홉시가 넘었다. 그제야 퇴트 교수는 부엌으로 가서 식빵과 치즈를 각각 한 덩어리씩 커다란 나무 도마에 담아서 가지고 나오더니 곧이어 0.7리터짜리 물병 두 개를 들고 와서 식사를 하자고 한다. 그 부인인 일세 퇴트Ilse Tödt는 어머니가 연로하고 병들어서 400Km나 떨어진 하노버에 가 있었다. 그들 사이에는 자식이 없었다. 퇴트 교수는 2차 대전이 끝나고 시베리아에서 마지막으로 돌아온 포로였다. 나는 하도 배가 고파서 빵 위에다 치즈를 얹어서 물과 함께 허겁지겁 먹었다. 그것이 저녁 식사의 전부였다. 배고픈 채 기숙사로 돌아온 나는 귀하게 감추어 두었던 사포로 이치방이란 일본 라면을 꺼내서 냄비에 끓여서 늦은 저녁을 다시 먹고서야 잠들 수 있었다.

이미 학기가 시작되어서 도착한 나는 다른 교수들의 강의나 세미나에는 들어가지 않았고 지도교수의 강의와 세미나에만 참석했다. 내 지도교수인 퇴트는 강의를 항상 알테 아울라Alte Aula에서만 했다. 알테 아울라는 하이델베르크 대학교의 중심이고 상징적 건물이다. 굉장히 오래된 고색창연한 건축물로 큰 홀 안에는 궁전처럼 천정에 무수한 그림이 그려져 있다. 약 3,000명이 동시에 들어갈 수 있는 크기로 대학교의 큰 행사나 저명한 초청교수의 강연회 같은 것이 이곳에서 열린다.

그 학기에 퇴트 교수는 '개신교 윤리사상역사'라는 주제로 강의를 했다. 강의에는 400명 정도의 학생이 참석했는데 조교가 입구에서 인쇄된 강의 내용을 나누어 주었다. 그래서 어떤 학생들은 강의에는 참석하지 않고 그 강의록만 받아서 가기도 했다.

학생들 앞에서 읽는다는 의미를 가진 '강의Vorlesung'는 독일 말 그대로 인쇄된 강의록을 교수가 학생들 앞에서 읽어 나가는 방식이었다. 독일에는 '아카데믹 15분Akademisches Viertel'이라는 암묵적 제도가 있어서 교수는 언제나 정해진 시간보다 15분 늦게야 강의를 시작한다. 교수들은 정시에 도착해도 15분 동안 기다려서 강의를 시작했다. 퇴트 교수는 세 시간짜리 강의라면 한 시간 15분을 강의하고 다시 15분 쉰다. 그리고 한 시간 15분 동안 강의한다. 15분 동안 쉬는 시간에는 교수가 엄격히 쉬기만 하기 때문에 학생들이 찾아가 질문을 해도 절대 받지 않는다.

퇴트 교수가 진행한 '개신교 윤리사상역사'는 종교개혁자 마르틴 루터로부터 시작해서 여러 명의 종교개혁자의 신학과 윤리사상을 간결하게 정리하고 나서 다시 정통주의 시대와 경건주의 시대의 신학자들의 윤리사상을 다루고 나서 소위 자유주의 신학자들과 변증법적 신학자들의 신학과 윤리사상을 다루는 것으로서 그 다음 학기에도 계속되었다. 내가 1998년에 대한기독교서회에서 발간해서 문화관광부에서 그해의 우수도서로 선정되어 저작상을 받은 바 있는 『개신교윤리사상사』도 지도교수인 퇴트 교수의 강의에서 영감을 받았고 그 강의록이 커다란 참고가 되었다.

그 다음 학기에는 다시 지도교수인 퇴트가 주관하는 세미나에만 참가했다. 퇴트 교수는 몇 차례의 만남과 대화를 통해서 나의 연구 경력을 살피고 나서는 더 이상 다른 학부 강의나 세미나에 들어갈 필요가 없이 빨리 박사 논문을 쓰고 한국으로 돌아갈 것을 권했다. 왜냐하면 당시 내 나이가 이미 35세가 넘어 유학을 하기에는 좀 늦은 감이 있었기 때문이다. 그래서 그 다음 학기는 퇴트의 '진보사상과 종말론'(Progressive Gedanke und Eschatologie)이란 세미나에만 참석했다. 이 세미나에는 자연과학과 역사학 그리고 철학과 교수들도 초청이 되었고 그리고 지도교수의 조수로 있던 볼프강 후버 Wolfgang Huber(그는 퇴트의 후임으로 하이델베르크 대학에서 가르치다가 독일 통일 이후에는 베를린-브란덴부르크 지방 교회의 주교가 되었다), 한스 로이터Hans Reuter와 같은 나중에 교수가 된 이들 다수와 대학교수 자격 논문이나 박사 학위 논문을 쓰는 학생들만 참가할 수 있었다. 당시 아프리카 탄자니아 출신의 루터교 총회장이었던 50세가 넘은 외국인 학생도 한 명 참가했다. 그리고 요르단 베이루트 대학 교수 두 명이 매주 비행기를 타고 독일로 와서 세미나에 참석했다.

세미나는 주로 지도교수의 조교로 있으면서 독일개신교평화연구소Friedensforschunsg-institut der evangelischen Kirche in Deutschland의 책임연구원으로 일하던 볼프강 후버가 이끌어 갔고 지도교수는 세미나가 끝날 때쯤 약간의 신학적 논평을 하는 식으로 진행되었다. 자연과학자들과 철학자들 그리고 역사학자들이 매우 열렬히 세미나에 참여하여 자기들의 의견을 개진했으며 거기에서 많은 것을 배울 수 있었다. 학교생활은 이렇게 시작되었다.

지도교수와 나는 박사 논문 주제를 결정하지 못하고 한 학기가 지났다. 그런데 그 다음 겨울학기에는 퇴트 교수가 휴강을 한다고 했다. 2차 세계대전 중 러시아의 포로가 되어 오랫동안 시베리아 집단 노동 캠프에서 강제 노동을 하며 치명적인 건강 악화를 경험하고 돌아왔기 때문에 그는 강의시간을 대개 조교에게 부탁해서 자기가 작성한 강의 원고를 읽게 했다. 그 후 그는 스위스 알프스에서 장기 요양에 들어가서 더 이상 강의나 세미나를 하지 못하게 되었다. 나는 지도교수를 안병무 박사의 친구인 순더마이어Theo Sundermeier로 옮기고 본회퍼 굴레에서 벗어나게 되었다.

나는 한국에서부터 늘 생각했던 주제인 '민족 문제'를 다루어 보겠다고 말했다. 순더마이어 교수는 흔쾌히 허락했다. 그는 한국 교회의 선교 과정에서 민족주의 운동이 어떤 역할을 했는가를 연구 주제로 삼으라고 하며 구체적 제목을 잡아 보라고 제안했다. 나는 연구 주제를 "일제하 한국 개신교회 민족운동의 역할"(Eine Studie über die Rolle des Nartionalismus unter der japanischen Kolonial-zeit)로 잡았다. 한국에 연락해서 연구 자료를 사오고 준비를 모두 마쳤다. 하지만 역사학 주제인 민족주의에 대한 서구 연구들도 검토해야 했고 한국 민족주의 연구가들의 사상들도 검토해야 했다.

순더마이어 교수와 함께

그리고 개신교와 관련해서는 나름대로 나의 창조적 상상력을 발휘하지 않을 수 없었다.

서양 자료로는 한스 쾬Hans Köhn의 "민족주의의 본질"(Wesen des Nationalismus)을 기초 자료로 삼고, 영국의 역사학자 에드워드 핼릿 카E. H. Carr의 책들을 주로 읽었다. 역시 민족주의 연구의 대가인 한스 쾬의 두꺼운 연구서에서 가장 큰 도움을 받았다.

아래에 논문을 요약 정리해 본다.

〈논문 요약〉
일제하 한국의 다양한 종교 집단들의
민족의식의 이념적 목표들

한말 서구 열강들 및 일제의 침략으로 조선이 역사적 위기에 직면했을 때 비로소 다양한 종교 집단에 의해 민족의식이 다양한 기원과 과정과 목표를 가지고 새롭게 구형되기 시작했다. 좀더 구체적으로 말하자면 19세기 중엽 프랑스에 국서를 보낼 만큼 서양 세력이 충격으로 다가오고 아시아의 유일한 개화 세력인 일본에 의해서 불평등 조약을 체결하게 되면서 하나의 "운동으로서 민족주의"가 등장하게 된다.[1] 말하자면 이러한 민족의식은 당시 여러 종교 집단 사이에서 자신들이 과거부터 추구했던 역사적 가치들과 신념체제들에 따라서 다양하게 형성되었다는 말이다. 그뿐만 아니라 이러한 다양한 집단의 가치체계 혹은 신념체계에 기초한 민족의식은 그것을 수호하려는 의지와 방법에 따라서도 각기 다르게 구형되었다.

당시 이러한 자신들의 가치체계나 신념체계에 기초한 민족의식을 통해서 붕괴되어 가는 나라를 지키려 했던 대표적인 집단들을 우리는 몇몇 종교 배경을 중심으로 구별해 볼 수 있을 것이다. 따라서 당시 민족의식의 내용들과 목표들을 이러한 종교 집단들을 중심

---

1) 천관우, 『한국사의 재발견』, 368쪽 이하.

으로 고찰해 보는 것이 방법론적으로 타당하다고 생각한다. 왜냐하면 한말에는 계급 구성은 존재했지만 종교 집단들 이외에 이렇다할 정치 혹은 사회 집단들의 형성이 없었거나 있다고 해도 대단히 미약했기 때문이다. 그뿐만 아니라 민족운동들도 주로 이러한 종교 집단들에 의해서 수행되었기 때문이다.[2]

그러면 당시 종교 집단들 가운데 영향력을 가지고 자신들의 가치체계와 신념체계를 수호하려고 했던 집단들은 어떤 집단들이 있었을까? 이념사적 관점에서 고찰할 때 우리는 다음과 같은 몇 개의 정치적·종교적 집단과 그들의 민족의식과 그 목표지향성들을 구별해 볼 수 있을 것이다.

1) 유교정통주의의 민족의식

우선 그 처음 집단으로 가장 확고한 이념과 조직을 가지고 있었던 정치조직이며 사회조직인 유교정통주의자들 혹은 성리학 신봉자들을 들 수 있다. 18세기 말 서구 제국주의 세력의 팽창과 더불어 가톨릭 사상은 '西學'이라는 이름으로 중국을 통해서 조선에 들어왔다. 서학은 지식층들 특히 실학파들과 일반 대중들 가운데 은밀하게 전파되고 있었다. 이 서학운동은 여러 차례 박해를 받았지만

---

2) Choe, Jae-Hyoen, *Die Dynamik der Klassenbildung im modernen Korea - eine Studie über eine Übergansgesellschaft*, Saarbrücken, 1983, s. 139ff. 최재현은 근대 한국에서 계급 형성에 초점을 맞추고 있다.

218

진보적 지식인들 가운데 급격하게 확산되었다.[3)]

이러한 서학에 대해서 가장 예민하게 반응한 것은 말할 것도 없이 유교정통주의자들이었다. 왜냐하면 이들은 당시 이론적으로나 실천적으로나 조선 사회의 기득권과 지배계층을 형성하고 있었고 따라서 그것을 수호하는 일은 자신들의 기득권 수호의 사활이 걸린 문제였기 때문이다. 따라서 이 집단은 당시 서구 학문인 서학과 서구 세력의 침투에 대항하여 자신들의 기득권을 수호하는 것을 곧 나라를 지키는 것으로 이해했고 무엇보다도 중대한 민족적 과제로 여겼다. 이 집단에게 유교의 성리학적 원리를 수호하는 것은 곧 서학에 대항하는 무기였고 동시에 국가를 수호하는 것이었으며, 곧 자신의 민족의식을 지키는 것이기도 했다.

말하자면 이 집단에게 성리학적 원리를 수호하는 것은 곧 '서양 오랑캐'(洋夷)들에게서 민족의 정통성을 수호하는 것이었다. 우리는 이러한 유교정통파들의 반서양 운동을 가리켜 위정척사衛正斥邪 운동이라고 부른다.[4)] 당대의 이러한 정통주의자들의 대변자라 할 수 있는 학자는 이항로였으며 그를 따르던 이들로는 최익현, 유중교, 김평묵, 기우만 등을 들 수 있다. 이항로는 그의 글 〈척화소斥和疏〉에서 다음과 같이 말한다. "양적洋賊을 공격하는 자는 우리 쪽이고 화평을 주장하는 자는 양적 쪽이니 우리 편에 서면 나라와 풍속

---

3) 최석우, 『한국 가톨릭 교회사』(1982), 66쪽 이하 참조. 이러한 반응은 1791, 1801, 1866년 등 일련의 가톨릭 신도들에 대한 박해를 통해서 나타났다.
4) 김용욱, 『민족주의와 민주주의 – 한국민족주의의 전개와 방향』, 박영사, 282쪽.

을 보전할 것이며 저쪽에 서면 인류를 금수禽獸의 땅에 빠뜨릴 것이다."5)

    서구, 특히 천주교의 침투에 직면해서 이러한 유교정통주의자들의 방어의식 혹은 저항의식에서 등장했던 자기보존의식을 곧바로 민족의식이라 지칭하는 데는 무리가 있다. 그러나 당시 이들이 수호하고자 했던 최상의 가치는 역시 성리학이라고 하는 유교 원리였다는 점에서 그것은 민족의식 내지는 의사민족의식이라고 불러도 좋을 것이다.6) 이들이 가졌던 의식을 진정한 의미에서 민족의식이라고 규정하기 어렵다고 할지라도 그것들이 서구 사상의 침투에 대한 방어기제로 작용했던 것은 역시 민족의 전통과 자존을 수호하려고 했던 것이라는 점에서 그들의 유교적 원리를 '민족적'인 것으로 볼 수 있다.

---

5) 金容郁, 『民族主義와 民主主義 - 韓國民族主義의 展開와 方向』, 1979, 282쪽에서 재인용. 위정척사 운동의 거목이라 할 수 있는 崔益鉉은 척화의 이유를 다음 다섯 가지로 설명한다. 1) 외적들은 재화를 침탈 유린할 것이다. 2) 교역에서 우리가 양에 지고 적들의 소비지향성에 물든다. 3) 사학이 온 나라에 범람한다. 4) 저들의 잘못된 풍속이 지배한다. 5) 서양인들은 물질과 여자만 생각하는 인륜을 모르는 자들이다 (상게서, 283쪽에서 재인용).

6) 김용욱은 이들의 의식을 민족주의라기보다는 "小中華的 조선의 事大的 國粹主義"라고 규정하고 있다(상게서, 282쪽).

2) 유교 개혁파(=實學派)의 민족의식

17, 18세기 중국을 통해서 서구 가톨릭 선교사들이 매개한 서구 학문과 서구 문명은 당시 조선의 학자들에게 커다란 학문적 자극을 주었을 뿐만 아니라 그들이 지향했던 사회개혁을 위한 폭발적 힘으로 작용했다. 특별히 당시 진보적 학자들이 제기하였던 정치적·사회적·경제적 개혁에 대한 욕구들은 삶의 구체적 영역들에 봉사하는 학문과 기술을 발전시키려는 노력들과 밀접한 연관을 갖게 되었다. 이러한 일련의 운동을 '실학實學'이라고 부르며 여기에 참여했던 일단의 학자 집단을 '실학파實學派'라고 한다. 따라서 유교정통주의자들의 순수관념적이고 형이상학적인 학문의 방향을 거부하는 데서 이 실학은 출발한다.

실학파는 주자학파와는 달리 고대 문서들을 철학적이고 형이상학적으로 해석하지 않고 역사적·실증적 방법을 통해서 실천 지향적인 사회 연구를 수행했다. 다시 말하자면 훈고학(도덕철학)이나 성리학(주시의 형이상학)과는 달리 실학에서는 현실에 대한 객관적이고 과학적 연구를 통해서 그 결과들을 정치적·사회적 개혁에 이용하는 것을 목표로 한다.[7]

이러한 실학파는 대체로 두 가지 방향 즉 경세치용학파經世治用學派와 이용후생학파利用厚生學派로 발전되었다. 경세치용학파의 태

---

[7] 千寬宇, 『韓國史의 再發見』(1981), 108쪽 이하.

두로는 성호 이익을 들 수 있으며, 그는 당시의 재산 소유관계와 그 것과 연관된 국가에 의한 토지분배 문제에 깊은 관심을 가졌다. 그는 공전公田과 사전私田이 어떤 확고한 원칙에 따라 분배되지 않아서 농민들 사이에 사회에 대한 불만이 등장하여 민란을 야기한다고 주장했다. 다시 말하자면 이 학파는 토지 소유 및 분배 관계를 혁신하는 데 깊은 관심을 두었다.

이용후생학파를 대변했던 박지원은 서구 기술의 도입과 산업의 육성 그리고 대외무역의 확대를 통해서 나라를 부강하게 갱신하는 것을 목표로 하고 있다. 이 학파는 또한 이러한 과학과 기술의 근대화뿐만 아니라 성리학적 원리에 기초한 당시의 계급사회의 개혁도 동시에 추구하려고 했다. 따라서 이러한 실학운동이야 말로 한국사에서 중세와 근세를 나누는 분기점을 그은 운동이라 할 수 있다.[8]

이러한 실학파 학자들은 종합적으로 볼 때 다음과 같은 세 가지 목표를 추구했다. 첫째, 그들은 무엇보다도 학문 연구에서 객관성과 함께 유용성을 바탕으로 탐구했다. 둘째, 그들은 사회개혁을 통해서 성리학적 원리에 기초한 왜곡된 계급사회를 타파하려고 했다. 마지막으로 그들은 서구 세력들의 도전 앞에서 국가의 독립과 자주성을 확보하려고 했다.

이러한 국가의 독립과 자주성의 확립을 목표로 한 이들의 민족의식은 두 가지 방향에서 그 전술적 지표를 찾는데 그 하나는 동도

---

8) 천관우, 상게서, 112쪽.

서기론東道西器論이고 다른 하나는 부국강병론富國强兵論이다.9) 박규수 같은 학자가 대변하는 동도서기론은 무엇보다도 중국의 중체서용中體西用과 일본의 화혼양재和魂洋才와 더불어 당시 서구의 도전에 대항한 방어전술로 채택되었다. 이것이 목표로 하는 것은 서구의 과학기술은 수용하되 동양의 윤리적 기초인 유교 원리와 거기에 기반한 사회체제는 보존해야 한다는 것이다.10) 이러한 생각은 정치적 혹은 사회적 개혁과 관련해서 볼 때 본질적으로는 위정척사의 틀 안에서 움직이지만 전술적으로 서구의 과학기술을 받아들이자는 것이다. 이러한 동도서기론의 보다 구체적 구형은 부국강병론이라 할 수 있다. 즉 서구의 과학기술을 받아들임으로써 산업입국을 하고 동시에 공업화를 통해서 무기 체제를 강화함으로써 서구의 침략에 대항하자는 것이다.

이러한 실학파들의 민족의식은 다분히 실용주의적 측면을 담고 있지만 그 목표지향성에서는 유교정통주의자들과 같이 유교 원리들을 수호함으로써 민족의식을 지키자는 데서는 맥을 같이 한다. 그러나 그들은 실사구시라고 하는 학문의 새로운 방법론의 채택과 더불어 동동서기라고 하는 실용주의적 선택에서 정통주의자들과 구별된다.

---

9) 무라야마,『現代政治의 思想과 行動』(동경, 1984), 152-170쪽; 富國强兵이라는 명제는 당시 서구의 도전 앞에서 조선, 중국, 일본 등 극동의 나라들이 공동으로 발전시켰던 이론이다. 천관우, 상게서, 371쪽 참조.
10) 송건호, 강만길(편),『한국민족주의 탐구』, 18쪽.

3) 동학의 민족의식(농민들의 民族意識)

서구의 아시아 침투에 대해서 가장 예민하게 반응했던 또 하나의
집단을 들자면 하층민들을 중심으로 전개되었던 천도교 운동 즉 동
학운동이다. 천도교 혹은 동학은 수운 최재우崔濟愚(1824~1864)에
의해서 창도되었다. 양반 가문의 서자로 태어났기 때문에 출셋길이
차단되었던 최제우는 젊은 나이에 16년간의 유랑생활을 통해서 조
선조 말기에 극에 달했던 제반 정치적·사회적 모순들, 특히 관료
지배계층의 타락과 그로 인한 백성들의 고난을 몸소 체험했다. 나
아가서 극동아시아를 위협하고 있던 서구 세력의 침투로 민심이 흉
흉한 데 대해서 최제우는 깊은 우려를 표시했다.[11]

그는 이러한 방황 과정에서 현실에 눈을 뜨고 도탄에 빠진 민중
들을 구원해야겠다는 결심을 하게 된다. 이것을 종교적으로 말하자
면 메시아 의식 혹은 소명의식이라고 해석할 수 있을 것이다. 35세
에 집으로 돌아온 그는 얼마 되지 않아서 중병을 앓게 되면서 신적
계시[天道]를 경험하고 자신의 나아갈 길과 그것을 위한 이론 체계
를 수립한다. 4년간의 방랑 설교자 활동을 통해서 그는 수많은 추종

---

11) 崔東熙, 柳炳德,『韓國宗教思想史』, 연세대학교출판부, 11쪽; "한편으로 서양 사
람들은 싸우면 이기고 공격하면 빼앗게 되니 그들은 뜻대로 되지 않은 일이 없다.
이리하여 중국이 온통 망해 없어지면 우리나라도 따라서 그렇게 될 우려도 없지 않
다. 아, 이 나라를 돕고 민중을 편하게 할 계책이 앞으로 어디에서 나올 것인가"(東
經大全, 布德文에서). 夢中問答歌에는 세상이 하도 어지러워서 요순 임금이 통
치하거나 孔孟의 덕으로도 구할 수 없다고 한탄한다(이돈화,『천도교사 1』, 82쪽).

자를 모아 종교적 공동체를 설립한다. 그러나 당시 기득권 세력들에 의해서 사회 불안을 야기하는 운동의 지도자로 체포되어 처형되었다.

이렇게 천도교 운동 혹은 동학운동은 조선조 말기의 뿌리 깊은 정치적·사회적 모순을 배경으로 태어났다.[12] 따라서 동학의 발생은 일차적으로 19세기 중엽 서세동점으로 인한 민족의 자존의 위협 속에서 국가보위 의식과 함께 민족 구원이라고 하는 민족사상에 뿌리를 두고 있다. 그 다음으로는 서학 즉 천주교의 도전 앞에서 민족적 주체성을 확립하려는 데서 그 기원을 찾을 수 있을 것이다.[13]

이렇게 동학운동을 중심축으로 형성된 민족의식과 민족운동은 위에서 언급한 유교 집단들의 지배자 중심의 운동과는 달리 민중들, 말하자면 농민들을 중심으로 조직화되었고 실천되었다. 다시 말하자면 동학운동의 민족의식 혹은 민족운동은 밖으로는 외세의 위협에서 해방되는 것을, 안으로는 지배 세력의 압제에서 벗어나는 것을 목표로 하고 있었다.[14] 그렇기 때문에 동학운동에서의 민족의식의 정향점은 외세로부터 나라의 자주와 독립을 지키는 것뿐만 아

---

12) 동학운동의 대내적 요인들로는 조선 말기 봉건사회의 정치적 모순, 삼정의 문란에서 야기된 경제적 모순, 전통종교인 유교, 불교, 도교 등의 사상적 모순 등을 들기도 한다. 그러나 무엇보다도 동학운동의 대내적 요인으로는 실학 등 변혁사상의 영향을 받은 피지배 계층의 각성을 들 수 있다(柳炳德 편저, 『東學』, 天道敎, 시인사, 79쪽 참조).

13) 柳炳德 편저, 『東學』, 天道敎, 시인사, 79쪽.

14) 천관우, 상게서, 371쪽.

니라 조선조 말기의 정치적·사회적 모순의 개혁을 지향하고 있다는 데서 그 독특성을 찾을 수 있을 것이다.

이렇게 동학운동은 서민층을 중심으로 조직되고 실천되었다는 점에서 위의 두 지배계층의 운동과는 달리 민족주의 운동에서 근대지향적 차원을 내포하고 있다고 봐야 할 것이다.[15] 그것은 동학의 핵심이라고 할 수 있는 인내천人乃天 사상이 내포하고 있는 만민평등주의 사상에서 가장 구체적으로 드러난다. 이러한 인내천 사상에는 사람들 사이에는 귀천이 있을 수 없다는 생각과 특히 남녀가 모두 평등하다는 생각이 내포되어 있다. 이러한 평등사상은 당시로는 생각도 할 수 없었던 것이었다.

최수운은 이러한 평등사회를 이루어 가는 실천적 프로그램으로 '개벽론開闢論'을 제시했다. 이 개벽론은 이른바 변법개벽으로 구체화되는데 그것은 역학의 천명사상을 기초로 한 역사순환원리의 하나로 규정할 수 있다. 이러한 역학적 순환원리는 일치일란一治一亂의 기계론적 원리가 아니라 '불순천리 불고천명不順天理 不顧天命'이라고 하는 인간들의 행위와 연관된 시운에 기초한다. 따라서 개벽은 모든 사람이 순명順命에 기초한 시천주 신앙을 통해서 도성덕립道成德立한 군자가 되어 동귀일체하는 데서 지상천국을 건설하게 된다는 것이다.

우리는 이러한 동학의 민족운동에서 사상적 측면에서는 근대지

---

15) 물론 동학운동 자체가 진정한 의미에서 근대지향적 운동인가 하는 데 대해서는 학자들 간에 견해의 일치를 보지 못하고 있다.

향성의 유형과 단서들을 발견할 수 있으나 "근대적 민족국가 형성의 선명한 미래상을 부각시키기에는 미흡한 점이 없지 않다."16) 다시 말하자면 동학의 민족주의 운동은 근대적 의미에서 밑으로부터의 운동이었지만 그것이 실패로 끝날 수밖에 없었던 것은 그것이 지향하는 미래상 즉 목표가 불분명했고 또 그 실천 프로그램으로서 개벽사상도 과도하게 종교적으로 채색되었기 때문이다.17) 그러나 우리는 동학운동의 실패를 그것이 가진 내적 결함에서 찾을 것이 아니라 그것의 외적 조건 즉 당시 정부가 외세들(중국 및 일본 세력들)의 지원을 받아서 무력으로 이 운동을 탄압한 데서 찾아야 할 것이다. 만일 이 운동이 성공했다면 조선에서 새로운 차원 즉 민중을 중심으로 한 차원에서 근대가 시작되었을 것이다.

4) 개신교의 민족운동(근대적 의미에서 민족의식)

한국 개신교와 민족운동에 관한 논의에 대해서는 이미 앞서 서론 부분에서 몇몇 교회역사가의 견해를 간략히 소개하면서 다룬바 있다. 여기에서 그들이 주목한 것은 한국의 개신교인들의 민족적 의식이 그들의 '입교 동기' 혹은 거기에 기초하여 형성된 '개신교인들

---

16) 유병덕, 상게서, 535, 571쪽 참조.
17) 그러나 동학운동에서 제시되었던 12개의 폐정개혁안(弊政改革案)을 보면 노비문서의 소각(5번째 항목), 청춘과부의 개가(7번째 항목), 토지의 균등분작(12번째 항목) 등은 매우 구체적인 내용들을 담고 있다. 유병덕, 상게서, 566쪽 참조.

의 성격'과 밀접한 연관을 갖고 있다는 것이다. 한국 개신교사 연구의 선구자라 할 수 있는 백낙준 박사는 한말 개신교인들의 입교 동기를 비교적 솔직하게 다음과 같은 몇 가지로 나누어서 설명한다.

첫째, 선교사들 주변에 있던 사람들은 가난 때문에 선교사들에게 일자리를 얻으려고 기독교에 입교했다는 것이다. 둘째, 당시 사회의 정치적 불의 즉 법정에서 공평과 정의가 없고 관리들에 의한 잔인, 고문, 착취를 피하기 위해서 사람들은 기독교에 입교했다는 것이다. 셋째, 또 일단의 사람들은 서구의 문명이 우월하여 그것의 뿌리가 되는 기독교를 개화와 문명의 수단으로 보고 입교했다는 것이다. 마지막으로 진지한 의미에서 종교적 구도자로서 기독교에 입교한 사람들도 있었다.18)

당시 선교사들뿐만 아니라 백낙준 박사도 초기 개신교인들의 입교 동기의 '종교적 순수성'에 대해서 매우 회의적 견해를 취한다. 왜냐하면 '개인의 구영求靈'만을 선교의 궁극 목표로 삼았던 당시 선교사들은 입교 동기로 '생계 수단의 그리스도인Rice Christian'이라는 저급한 것으로부터 사회적·정치적 동기 등을 매우 불순한 것으로 받아들였다. 다시 말하자면 초기 개신교인들의 입교 동기는 선교사들의 입장에서 보면 매우 세속적인 것이고 비본래적인 것, 한마디로 너무나 정치적이며 사회적 내용을 담고 있다고 본 것이다.

그동안 초기의 한국 개신교회사를 민족운동과 관련지어 연구했

---

18) 白樂濬, 『韓國改新敎史 - 1832-1910』(연세대학교출판부, 1985), 175, 272-273쪽 참조.

던 학자들은 개신교인들의 입교 동기에서 대체로 백낙준 박사의 견해를 수용한다. 그러면서도 그들은 한 걸음 더 나아가서 지배층의 신진 관료들은 기독교를 구국과 개화의 방편으로 받아들인 반면에 일반 민중들은 가렴주구와 관리들의 탐학을 피하는 수단으로 받아들였다고 봄으로써 그 수용 동기를 더욱 분명하게 계층적으로 분석하여 그것을 근대적 민족운동 관점에서 고찰한다.[19]

여기서 특히 주목할 것은 선교사들이 생각했던 것처럼 일반 민중들이 단순히 가렴주구와 관리들의 탐학을 피하기 위한 소극적 동기에서만 개신교에 입교했다고 볼 수 있겠는가 하는 점이다. 사실상 '반봉건 의식'이라고 하는 좀더 적극적 목표가 입교 동기에 작용했으리라는 해석이다.[20] 이러한 적극적 해석을 통해서 비로소 우리는 당시의 지식인들이나 민중들의 입교 동기가 근대 지향적 민족의식을 지향하고 있었다는 것을 보다 정당하게 평가할 수 있을 것이다.[21]

---

19) 이만열, 『한국기독교와 역사의식』(지식산업사, 1989), 53쪽.

20) 노치준, 『일제하 한국기독교 민족운동연구』(한국기독교역사연구소, 1993), 37쪽 참조.

21) 여기서 당시 개신교인들의 민족의식의 지표를 입증하는 근거로 제시되고 있는 '忠君愛國'이라는 개념(민경배, 『교회와 민족』, 19쪽; 이만열, 『한국기독교와 역사의식』, 55쪽; 노치준, 『일제하 한국기독교 민족운동연구』, 37쪽 등)은 개신교의 민족의식을 '근대 지향적 민족의식'이라고 규정할 때 매우 모순적이다. 왜냐하면 개신교인들이 국왕탄일, 국왕상일, 민비시해 등을 추모 혹은 애도하기 위해서 집회를 열고 예배를 드린 것은 '충군애국'의 표식은 될 수 있을지 모르나 그것을 개신교인들의 '근대 지향적 민족의식'으로 해석하는 것은 '이념적 지향성'으로 볼 때 모순적이기 때문이다.

필자는 당시 일반 민중들의 기독교 입교 동기는 선교사들이 평가했던 것과는 달리 매우 '근대 지향적 민족의식'에서 찾아야 한다고 생각한다. 왜냐하면 개인의 영혼 구원에만 집착하던 당시 선교사들의 지적 수준이나 의식 수준으로는 조선의 지식인들이나 민중들이 지향했던 '근대 지향적 민족의식'을 정당하게 평가할 수 없었기 때문이다.

다음으로 당시 개신교인들의 민족의식이 매우 근대 지향적이었다는 것은 당시 개신교인으로서 민족운동 과정에서 활동했던 사람들의 면모와 그들의 활동 목표를 통해서 더욱 분명하게 드러난다. 우선 개신교인으로 근대 지향적 민족의식을 지니고 활동했던 인물들을 살펴본 다음 그들의 활동 내용을 통해서 민족운동의 이념적 지향성을 고찰해 보자.

우선 노치준 교수의 중요한 업적이라고 할 수 있는 한말의 민족운동 집단들(갑신정변을 일으킨 집단, 동학, 독립협회, 만민공동회, 의병운동, 애국계몽 단체들)과 개신교인들 사이의 관계 규명은 개신교 민족운동의 성격과 방향 그리고 목표를 가늠하게 하는 중요한 지표를 보여준다.22) 노 교수에 따르면 갑신정변에서 근대적 국민국가를 지향했던 인물들 가운데 다수의 사람이 개신교에 대해서 호의를 갖

---

22) 노치준, 『일제하 한국기독교 민족운동 연구』, 39쪽 이하 참조. 당시의 민족운동 집단들과 기독교인들의 관계를 해명한 것이 노 교수의 가장 큰 연구 업적이다. 여기서 우리가 주목해야 할 것은 하나의 집단으로서 '교회'가 어느 정도 민족운동에 동참했는가 하는 것이다. 여기에 대해서는 앞으로 더 많은 연구가 필요하다.

거나 신자가 된 사람들이었다.[23] 한 걸음 더 나아가서 그 후에 전개되었던 독립협회운동에서는 당시 그리고 후에 개신교인이 된 인사들이 중심 역할을 했다. 이 독립협회에서 중추적 역할을 맡았던 정동구락부가 개신교인들과 이 협회를 매개하는 고리로 작용했다.[24] 마지막으로 애국계몽운동 가운데서 가장 강력한 조직력을 갖춘 단체였던 신민회新民會(New People's Movement) 역시 직간접적으로 개신교와 연결되어 있었다.[25] 따라서 사회사상적 측면에서 고찰할 때 개신교인들이 민족운동을 전개할 수 있었던 장은 역시 독립협회와 만민공동회 그리고 신민회일 수밖에 없었다.

여기에서 개신교인들의 민족운동은 여타의 다른 민족운동들과 선명하게 구별되는 방향성을 갖게 된다. 말하자면 이러한 개신교인들의 민족운동이 동학운동이나 의병운동과 별 관계를 가질 수 없었던 것은 이들이 가진 분명한 이념 지향성과 밀접히 연관된 것으로 볼 수 있다. 우선 동학운동은 이념적 지향성에서 근대 지향성을 지

---

23) 그 대표 인물은 박영효, 김옥균, 유길준 등이며 서재필은 후에 개신교인이 되었다. 노치준, 상게서, 40쪽 참조.

24) 정동구락부의 구성원에는 서재필, 윤치호, 이상재, 언더우드, 아펜젤러 등이 있다. 1898년 12월 독립협회가 해산되고 나서 그동안 옥살이를 하던 사람들 가운데 이상재, 홍재기, 이원긍, 유성준, 안국선 등이 개신교인이 되어 석방된다. 노치준, 상게서, 43-45쪽 참조.

25) 新民會는 梁起鐸(大韓每日新報), 全德基(上洞敎會), 李東輝(무관운동), 李昇薰, 安泰國(상인과 실업가 집단), 安昌浩(미주의 공립협회) 등에 의해서 지도되었던, 국권 회복과 근대적 민주국가 형성을 지향했던 단체이다(신용하,『韓國近代民族運動史 研究』, 一潮閣, 128쪽 이하 참조).

니고 있다고 하더라도 반서양적 토대에서 출발했다. 그리고 의병운 동은 매우 분명하게 이념적으로 유교적 원리와 거기에 기초한 전통 적 계급사회의 틀이 되고 있던 조선 왕조의 회복을 목표로 삼았다.

그러나 개신교인들과 연관되었던 민족운동 집단들은 국가의 자 주독립에 있어서는 위에서 언급한 집단들(성리학파, 실학파, 동학운 동)들과는 궤를 같이 하고 있었다. 그렇지만 개신교인들과 그들이 활동했던 민족운동 집단들은 더욱 분명한 민족적 목표, 즉 근대적 민족국가 건설을 그 목표로 세우고 있었다. 따라서 그들은 민족운 동의 방법에서나 목표에서 앞서 언급한 세 개의 종교 집단과는 분명 한 차이를 보여준다.

우리는 지금까지 조선 말기의 다양한 종교단체의 민족의식의 성 격과 목표를 구별해서 고찰해 보았다. 이것을 다음과 같은 도식으 로 설명할 수 있을 것이다.

	성리학파	실학파	동학파	개신교
민족의식 이념	유교 원리	계몽과 천년왕국	근대적 보존 개혁	새 사회 국민국가
서양 종교	거부	거부/찬성	거부	찬성
서양 기술	거부	찬성	거부	찬성
서양 정치	거부	거부/찬성	거부	찬성
제국주의	거부	거부	거부	거부
신분사회	찬성	거부	거부	거부

위의 도식에 따르면 개신교인들의 민족의식의 이념적 지향점은 서양 종교, 서양 기술, 서양 정치를 수용해 부국강병을 달성함으로써 서구의 침투를 막아내고 나라의 독립을 쟁취하자는 것이다. 나아가서 그들은 전통적 신분사회를 개혁하고 근대적 국민국가를 형성하자는 목표를 지녔던 것으로 요약할 수 있다. 이 점에서 개신교인들의 민족의식의 이념적 방향은 여타의 다른 종교 집단의 것들과 분명하게 구별되는 것을 발견하게 된다.

이러한 차이를 간략하게 요약하면 다음과 같다.

첫째, 개신교인들의 민족의식의 이념적 지향점과 가장 대립되는 집단은 유교정통주의자들 즉 성리학 신봉자들이라고 할 수 있다. 그들은 서구 종교, 서구 기술, 서구 정치 등 모든 서구적인 것을 거부하고 유교의 성리학적 원리와 거기에 기초한 계급 신분사회를 고수하려고 했다. 따라서 유교정통주의자들은 그 후에도 한국 역사에서 기독교와는 가장 거리를 둔 집단으로 남아 있게 되었다. 한국사의 발전 단계에서 사회개혁과 연관된 문제들에서 이 두 집단은 서로 대립되는 생각을 가질 수밖에 없었다. 따라서 선교신학적 관점에서 볼 때 이들 유교정통주의자들이야말로 기독교가 가장 선교하기 어려운 대상으로 남게 되었다고 봐야 할 것이다. 만일 이들이 기독교로 개종했을 경우 그들은 가장 보수적인 교단의 일원이 되었을 가능성이 높다.

둘째, 개신교인들의 민족의식의 이념적 지향점과 관련해서 볼 때 개신교인들과 가장 친화성을 가질 수 있었던 집단은 실학파에 속한 사람들이라고 할 수 있다. 그러한 징후는 이 실학파와 서학과의 관계에서 이미 잘 나타난다. 그들은 대부분 서양 종교, 서양 기술, 서양 정치에 대해서 수용적이었을 뿐만 아니라 당시의 봉건신분제에 대해서도 어느 정도는 부정적 생각을 가지고 개혁을 추동하던 집단이었다. 따라서 민족의식의 이념적 지향성과 관련해서 이들 실학파와 그들의 영향을 받아서 후에 근대 지향적 민족운동에 가담했던 인사들과 개신교인들 사이에는 커다란 이념적 차이를 발견할 수 없다. 차이가 있다면 실학파는 서양 종교와 서양 정치에 대해서 다소 소극적인 반면 개신교인들은 보다 적극적이었다는 점일 것이다. 따라서 이들 두 집단에 속한 인사들이 후에 가서 독립협회, 만민공동회 등 애국계몽단체들에서 서로 교차되는 회원으로 활동했던 것은 우연이 아니다.

선교신학적 관점에서 볼 때 이러한 실학적 배경을 가진 많은 사람이 천주교회뿐만 아니라 개신교회에 입교했던 것은 지극히 당연한 귀결이라 할 것이다. 따라서 진정한 의미에서 근대 지향적 민족의식을 바탕으로 민족운동에 참가했던 사람들 대부분은 이러한 이념적 지향성을 지녔던 것으로 파악하는 것이 타당하다고 보인다. 말하자면 조선에서의 '근대성近代性'이 실학자들에 의해서 싹이 났다면 그것이 더욱 구체적인 결실을 맺는 운동으로 발전해 간 것은 근대 지향적인 개신교인들의 민족운동과 더불어 가능했다고 할 수 있을 것이다.

셋째, 이러한 근대 지향적인 개신교인들의 민족의식과 관련해서 볼 때 동학운동은 서양 종교, 서양 기술, 서양 정치 등을 거부했다는 점에서 많은 차이를 발견하게 된다. 동학은 일차적으로 서양 종교(서학)에 대한 반동으로 일어난 운동이었고 또 그것의 민족적 의식의 지향성이 뭔가 종교적이고 천년왕국적 프로젝트에 근거하고 있기에 거기에서 근대성을 찾아보기 힘들다. 물론 동학운동이 봉건 신분사회를 타파하는 것을 지향점으로 삼았기 때문에 우리는 이 운동이 근대성을 전적으로 결여한 것으로 볼 수는 없지만 그것을 실천할 수 있는 프로그램의 결여 등에서 한계를 지적하지 않을 수 없다.

따라서 개신교적 민족운동과 동학의 민족운동 사이의 관계를 연구하는 노력이 더러 있었지만 그 성과가 크지 못했던 것은 이들 사이에 이념적 지향성에서 커다란 차이를 보이기 때문이라고 할 수 있을 것이다.

본 연구에서 마지막으로 짚고 넘어가야 할 것은 개신교인들의 민족의식과 민족운동을 한국의 민족사民族史와 동시에 한국의 개신교회사The History of christian Churches in Korea의 틀 안에서 어떻게 파악해야 하는가 하는 문제이다.

우선 한말 개신교인들의 민족운동과 그 이념적 지향성은 개신교회사의 틀, 즉 공적 교회조직 안에서 일어났던 운동으로 파악하는 것은 무리라고 여겨진다. 다시 말하자면 개신교인들의 민족운동은 교회라고 하는 공적 조직(총회와 같은)의 공적 결의를 거쳐서 실행된

운동이라고 보기는 힘들다는 것이다.26) 따라서 결론부터 이야기하자면 한말의 개신교인들의 민족운동은 공적 교회의 '울타리를 넘나들면서'(innerhalb und außerhalb) 일어난 운동이었다. 울타리를 넘나들면서 전개된 운동이라는 말은 공적 교회조직을 장악하고 있던 선교사들과 일단의 선교사 친화적 성직자들은 이러한 운동에 무관심했거나 반대했으나 민족의식을 가진 개신교인들이 교회 안에서 혹은 그것을 배경으로 활동했다는 것을 의미한다. 이러한 대표적 예가 상동감리교회였다.

교회의 울타리를 넘나들면서 전개되던 개신교인들의 이러한 민족운동은 한민족의 운명이 결정적으로 규정되던 1905년부터 1910년 사이, 즉 을사보호조약 체결과 한일합방 사이에 중대한 전환기를 맞이한다. 이때로 말하면 고종이 폐위되고 구식 군대가 해산되어 조선조가 본격적으로 해체되던 시기였다. 고종은 헤이그 평화회의에 이준을 밀사로 파견하여 조선조의 꺼져 가는 등불을 되살리려고 최후의 노력을 하지만 실패했다.

이러한 중대한 역사적 전환기에 개신교인들은 교회 안에서 매우

---

26) 한국 개신교의 민족운동이 교회 내의 공적 운동이 아니었다는 것은 한국의 양대 교단이라 할 수 있는 장로교회와 감리교회의 공식 문서인 "한국감리교 회연회록"(기독교대한감리교회 백주년기념사업회 간)과 "대한예수교장로회 총회록" 등을 검토해 볼 때 입증된다. 이들 문서들 가운데 1905년부터 1911년 사이의 기록들을 읽어 보면 당시의 중요한 역사적 사건들인, 조선의 을사보호조약(1905), 군대 해산(1907), 헤이그 밀사사건(1907), 한일합방(1910) 등에 관한 기록이 전혀 등장하지 않는다. 각 지역의 보고서들에서도 정치적 사건들과 관련된 사안들은 전혀 등장하지 않는다.

중대한 경험을 하게 된다. 그것은 1904년부터 1907년에 걸친 이른
바 대부흥운동大復興運動이다. 이 대부흥운동의 기원과 성격 및 목
표 그리고 여기에서의 선교사들의 역할에 대해서는 다음의 연구 과
제로 남기겠으나 개신교인들의 민족운동 관점에서 볼 때 이 운동은
몇 가지 중요한 전환점을 가져왔다.

우선 당시 공적 개신교회들은 심각한 국가 위기에 처해서 선교
사들의 지도하에 "영적 순결운동"에 참여하고 있었다. 왜냐하면 개
신교인들의 정치 참여 혹은 그들의 "정치화"는 "불순한 것"이었고
교회에는 위협적인 것이었기 때문이다.[27] 선교사들과 그들의 지원
을 받아 공적 교회조직을 장악하고 있던 교회지도자들에게는 국가
위기에 직면해서 개신교인들이 전개했던 민족운동이 교회를 위태
롭게 하는 운동으로 파악되었다. 따라서 국가 위기에 처해서 교회
의 순수성을 지키는 것이 그들에게는 무엇보다도 중요했다. 교회의
정치화로 빚어진 위기를 극복하기 위해서 선교사들의 주도하에 단
행된 부흥운동은 따라서 불신자들의 개종을 위한 것이라기보다는
당시 개신교인들의 "정치화"의 정화를 목표로 한 영적 회복운동이
었다.[28] 그래서 선교사 블레어는 이 부흥운동 후의 교회의 상황을
가리켜 "이제 교회는 정결하게 되었다. 교회는 이제 사랑스럽고 새
롭게 되었다"고 말할 수 있었다.[29]

---

27) Allen D. Clark, *A History of the Church in Korea*, 1971, Seoul, pp. 155-156.
28) Paik, *ibid.*, p. 364.
29) William Newton Blair, *The Korean Pentecost*, 1909, p. 71.

이러한 부흥운동의 결과 민족의식을 지녔던 개신교인들 다수가 개신교회를 떠났고 그들은 신민회新民會와 같은 근대 지향적 민족운동에 가담하거나 주동자가 된다. 1911년 일제에 의한 신민회 탄압과 해체는 결과적으로 개신교적 민족운동에 심대한 타격을 가하게 된다. 이렇게 볼 때 민족주의적 개신교인들은 내적으로는 1907년 선교사들이 주도한 부흥운동으로 그 운동의 발판을 상실했을 뿐만 아니라 1911년에는 일본 제국주의 세력의 억압에 의해서 와해되었다고 평가할 수 있다.

한국 개신교회는 1907년의 대부흥운동을 통해서 교회로서 신앙적·조직적 기초를 마련한 것으로 평가되기도 한다. 그렇지만 다른 한편 한국의 개신교회들은 한말의 근대적 민족운동의 지도자들을 교회에서 부흥운동을 통해서 추방하고 이 운동에 참여하지 않음으로써—트뢸취의 도식을 빌리자면—그 후 한국 민족사에서 '교회Kirche'로 기능하기보다는 일종의 '종파Sekten'로 자리 잡아 가기 시작했다고 결론지을 수 있을 것이다. 이러한 결론을 입증해 주는 것은 한국 개신교회들이 일제 치하에서나 해방 이후 오늘날까지 상당한 조직과 구성원을 가지고 있음에도 민족 문제와 직면할 때는 늘 주변 존재로 남게 되는 것에서도 잘 드러난다. 동시에 개신교인들의 민족운동이 한국사에서 제대로 평가받지 못하는 이유도 여기에 있는 것이다.

프랑크푸르트 하늘 아래
— 손규태의 독일생활 경험기

2020년 9월 2일 초판 1쇄 인쇄
2020년 9월 9일 초판 1쇄 발행

지은이 | 손규태
펴낸이 | 김영호
펴낸곳 | 도서출판 동연
등   록 | 제1-1383호(1992. 6. 12)
주   소 | 서울시 마포구 월드컵로 163-3
전   화 | (02)335-2630
전   송 | (02)335-2640
이메일 | yh4321@gmail.com

ISBN 978-89-6447-599-7 03040